이제부터는
성장론이다

KB194748

聖天선생, 인류 최초로 밝혀내다
창조론과 진화론은 거짓이었다

이제부터는 성장론 이다

성천 지음

천주교, 개신교, 이제 어떻게 할 것인가?

맑은샘

이제부터는 성장론이다…

모든 인간은 자신의 이익을 추구하며 살아간다. 상호 간의 이익을 위해 양분되어 서로 헐뜯고 치열하게 싸우다 보면 승자와 패자 모두의 삶은 불행하기 마련이다.

인류가 불행한 삶을 살아가는 주된 원인은 약육강식의 의식이 내포된 창조론과 진화론의 영향이라 생각한다.

본인은 검증된 과학적 관점에서 창조론과 진화론의 거짓을 밝히고 지상에 존재하는 생명체들의 관찰을 통해 성장론을 발표하게 되었다.

일방적인 교육을 통해 인류의 의식 속에 각인된 창조론과 진화론은 옳고 그름의 분별력을 상실하여 올바른 가치관을 형성하는 데 커다란 한계가 있었다.

비과학적인 창조론과 진화론은 올바른 가치관을 형성하는 데 오히려 커다란 걸림돌이 되고 있는바, 하루라도 빨리 왜곡된 사실을 바로잡아 제대로 된 교육을 통해 올바른 가치관을 확립하여야 할 것이다.

이제부터는 철저하게 검증된 과학적 관점에서 창조론과 진화론의 거짓을 밝히고자 《이제부터는 성장론이다》라는 제목으로 출간하게 되었다.

창조론과 진화론은 욕심이 많은 인간들에 의해 인류를 지배할 목적으로 이용되어 약육강식의 불행한 사회를 만드는 데 일조하였다고 본다. 반면에 성장론은 모든 생명체들이 사랑에 의하여 태어났다는 관점의 이론으로, 성장론을 믿고 이를 실천하는 사회는 약육강식의 불행한 사회가 아닌 인간의 존엄을 추구하는 진정 행복한 사회가 될 것으로 확신한다.

우리 사회는 약육강식의 의식으로 가득 찬 정치인들이 사랑의 가면을 쓰고 평화를 부르짖고 있는데, 이들 중 어느 누가 집권하여도 진정한 민주사회가 만들어지기는 현실적으로 어렵다.

욕심 관점에서 만들어진 창조론과 진화론으로 관리되는 사회는 독재사회가 조성되는데, 이와 반대로 사랑 관점에서 성장론으로 관리되는 사회는 민주사회가 조성될 것이다.

따라서, 객관적 관점에서 성장론과 함께 창조론과 진화론의 교육이 제대로 이루어진다면 행복한 민주사회로 거듭날 것이다.

지난번 《천천경전》을 출간하면서 성장론을 공교육에 반영해 달라고 대학 총장들에게 요청하였으나, 안타깝게도 반영되지 않았다.

《천천경전》에서의 생명체 출현과 관련된 문제는 인류가 시급하게 알아야 할 핵심 문제이므로, 창조론과 진화론, 성장론과 직간접적으로 관련된 부분을 발췌하여 출간하였다.

하나님으로부터 생명체들이 잉태되어 탄생되었다고 밝힌 성장론에 대하여 입증하는 것은 창조론을 입증하려는 것과 같이 어려워 3차원의 의식구조를 가진 인간들은 배척할 수밖에 없으므로 진화론자들이 지상의 수많은 종의 생명체들을 관찰하여 진화론을 주장하듯이, 지상에서 살아가는 생명체들을 검증된 과학적 관점에서 관찰하여 성장론을 밝힐 수밖에 없었다.

따라서 잉태론과 창조론은 원인적 관점에서 밝힌 이론이고, 성장론과 진화론은 결과적 관점에서 밝힌 이론이므로, 각각 검증된 과학적 관점에서 비교 관찰한다면 어느 가치관이 올바른 가치관인지 여부를 쉽게 알 수 있을 것이다.

인류는 최초 생명체 탄생 원인에 대하여 생명체들을 객관적 관점에서 관찰하지 못하고 유신론 또는 무신론의 틀 속에 갇혀 주관적인 관점에서 관찰하였던 관계로, 창조론이나 진화론과 같은 비과학적인 이론이 출현할 수밖에 없었다.

본서를 통하여 검증된 과학을 바탕으로 성장론을 알기 쉽게 밝혔으므로, 독자 여러분들이 이해되지 않는 부분이 있다면 반복하여 정독하고 직접 동식물들과 비교하면서 창조론과 진화론과 성장론을 비교 관찰한다면 수많은 종의 생명체들이 성장론을 통하여 존재할 수밖에 없다는 사실을 깨달을 수 있을 것이다.

창조론은 신이 모든 것을 창조하였다는 형태로 과학적 근거 없이 몇 페이지의 기록으로 진리라고 주장하고 있다. 이런 주장으로 인류를 납득시키는 것은 사실상 불가능한 것이다.

성장론은 이러한 전철을 밟지 않기 위해 철저한 과학적 근거에 의해 사실을 밝히는 것이다.

본서에서는 사이비 이론을 바로잡을 목적으로 비과학적 관점의 창조론과 진화론이 옳다고 교육하는 종교와 과학에 대하여 사이비 종교와 사이비 과학이라고 직설적으로 지적하였는데, 본서를 통하여 종교인들과 과학자들을 폄하할 의도는 추호도 없음을 밝혀둔다.

창조론과 진화론은 비과학적이므로 사이비적 가치관에 해당됨에도 불구하고 종교인과 과학자들의 눈치를 봐가며 정치적 표현과 같이 두루뭉술하게 지적한다면 자신들이 추구하는 관점에서 관찰하거나 받아들여 사이비 가치관들을 바로잡을 수도 없으므로 잘못된 사상들을 바로잡을 목적으로 직설적으로 지적한 것이므로 오해 없기 바란다.

저자는 생물학자도 아니고 철학자도 아니다. 오로지 깨달은 내용을

《천천경전》을 통하여 성장론으로 밝혔지만 독자들이 이에 접근하는 것을 어려워하여 부득이 이번에 성장론과 관련된 내용만을 발췌하여 별책으로 출간하게 된 것이다. 독자 여러분들은 검증된 과학과 객관적인 관점에서 제대로 관찰한다면 성장론을 올바르게 이해하는 계기가 될 것이다.

또한, 검증된 과학적 관점에서 '성장론'을 입증하려고 노력하였지만 창조론과 진화론에 세뇌되어 있는 과학자들을 본서의 주장만으로 설득하는 것은 어렵다는 사실을 잘 알고 있다. 따라서 앞으로 성장론의 미흡한 부분에 대해서는 직접적 증거를 찾는 대로 보완할 것과 여건이 조성되면 성장론 박물관을 개관하여 화석을 근거로 성장론을 구체적으로 입증할 것을 약속드린다.

끝으로 성장론을 통하여 모두가 인간 본연의 모습을 회복하여 지상과 천상에서 행복한 삶을 살아가기를 간곡하게 기원하는 바이다.

2021년 9월
저자 성천

Contents

제 1 장

총론

1 인간이 추구하는 삶

인간의 삶의 궁극적 목적은 행복추구이다. 어떠한 삶을 살아야 행복한 삶인가를 고민하면서 행복한 삶을 살아가기 위하여 몸부림을 치고 있다. 그러나 그 과정에서 상호 반목과 갈등으로 불행한 삶을 살아가는 것이 현실이다.

갈등과 반목은 어떻게 치유할 수 있을까? 이를 치유할 수 있는 유일한 길은 올바른 가치관에 대한 교육과 실천이다.

그러나 인간은 종교에서 가르치는 창조론과 윤회론, 과학자들이 가르치는 진화론을 교육받고 살아가는데, 서로 이익을 얻기 위하여 투쟁하는 과정에서 보수와 진보적 독재사회가 조성되어 심성이 오히려 피폐해져 가고 있는 것이 현재의 냉엄한 현실인 것이다.

따라서 왜곡된 사회를 바로잡기 위해서 인간들의 의식구조가 형성된 과정, 서양인들의 의식구조에서 만들어진 창조론과 진화론, 교육 시스템의 문제점을 간략하게 들여다보고 본론에서 창조론과 진화론의 문제점과 성장론의 진실을 밝혀 보고자 한다.

2 성장론의 연구 배경

1) 인간의 존재 이유를 정확히 안다면, 이들의 삶의 목적을 알 수 있고, 이를 통해 인간 본연의 심성으로 살아갈 수 있는 것이다. 따라서 이를 구체적으로 밝히는 것은 과학자들이 가장 우선적으로 연구하여야 할 핵심 과제인 것이다.

따라서 지상에서 살아가는 생명체들이 존재하게 된 원인을 밝히는 문제는 그동안 잃어버렸던 인류 역사를 복원하는 문제이기도 하다.

2) '천천경전'의 의미는 앞의 천은 하늘 부모님(제1 하나님)을 의미하고, 뒤의 천은 자신을 낳아 주신 부모님(제2 하나님)을 의미하는데, 《천천경전》은 천천교의 경전으로서 인류를 하늘 부모님 앞으로 인도하기 위하여 작성된 경전이며 천천인들이 교육을 받아야 할 내용이 담겨 있는 교과서이다.

3 인간의 존재 이유

1) 최초의 생명체에 대하여 과학으로 밝히는 문제는 곧 창조론이나 진화론이 올바른 가치관인지 여부를 밝히는 문제와 연관되어 있다.

다윈은 원시 과학자들이 만든 이론을 바탕으로 과학의 관점에서 핀치새에 대해 연구해 '종의 기원'을 발표하였는데, 당시에는 어리석고 우매한 인간들이 반신반의하면서도 믿고 따를 수밖에 없었다. 그러나 이 이론은 성장론을 통해, 검증된 현대 과학을 바탕으로 밝혔는데도 과학자들은 물론 독자들까지 비과학적인 창조론과 진화론에 세뇌되어 있어 성장론을 배척할 수밖에 없는 것이 현실이다. 그러므로 앞으로 많은 과학자들이 성장론을 보다 깊게 연구하여 진리 여부를 밝히고, 국가적 차원에서 학생들을 적극적으로 계도하는 것이 저자의 바람이다.

2) 욕심으로 가득 찬 인간들은 3차원 관점의 가치관들을 진리의 가치관으로 믿고 있다. 4차원적인 영적 세계에 대한 근본 문제와 우주 출현에 대한 근본 문제, 또는 다양한 생명체들이 어떻게 출현하였는지 그리고 어떠한 과정을 거쳐서 인간이 존재하게 되었는지에 대한 문제의 퍼즐을 맞추기가 매우 어렵다.

3) 창조론과 진화론적 관점에서 과학자들로부터 영향을 받은 인간들을 대상으로 성장론을 교육하여 입증하는 것은 현실적으로 불가능하다고 본다.

4) 따라서 천천교가 정착하여 여건이 조성되면 많은 과학자들에게 연구 과제를 주어 성장론을 검증하는 문제를 최우선 과제로 삼고 성장론이 진리의 가치관임을 입증한 후 교육을 통하여 창조론과 진화론을 바로잡을 것으로 확신한다.

4 창조론, 진화론과 성장론의 상관관계

1) 본인은 《천천경전》을 통하여 지상에 출현한 최초의 생명체가 하늘 부모님에 의하여 잉태된 후 탄생되었다고 최초 생명체 출현에 대한 원인을 밝혔다. 최초 생명체 출현과 관련하여 창조론과 잉태론은 원인 관점에서 관찰하여 밝힌 이론이고, 진화론과 성장론은 결과 관점에서 관찰하여 밝힌 이론이다.

종교와 과학이 각각 관점이 다르고 주관적으로 믿고 있으므로 창조론과 진화론을 비교하는 것은 사실상 불가능하여 현재로는 바로잡을 방법이 없다.

본서에서 밝힌 성장론은 최초 생명체가 하늘 부모님에 의하여 지상에 탄생되어 성장하였다는 이론이므로, 잉태론이 곧 탄생론이며, 탄생론이 곧 성장론이므로 관점에 따라 달리 표현할 수 있으며 원인 관점에서 관찰하려면 창조론과 잉태론을 서로 비교하며 관찰해야 옳을 것이고, 결과 관점에서 관찰하려면 진화론과 성장론을 서로 비교 관찰해야 옳을 것이다.

따라서 원인 관점에서 만들어진 창조론과 결과 관점에서 만들어진 진화론은 관점 자체가 달라 직접적인 비교가 불가능하므로 각각 자신이 믿는 가치관이 옳다는 일방적인 주장을 수천 년 동안 되풀이할 수밖에 없었는데, 이제는 새롭게 밝힌 성장론을 통하여 기성 가치관과 비교가 가능해졌으므로 어느 가치관이 올바른 가치관인지 여부를 알 수 있을 것이다.

2) 성장론은 하늘 부모님의 참사랑에 의하여 최초 생명체가 탄생되었는데, 지상에서 살아가는 다양한 종의 동물들이 모태의 수정란에 의해 이미 결정된 후 성장하듯이, 최초 탄생된 생명체 내에도 인류를 포함하여 수많은 동식물의 종이 내포되어 있었으며, 탄생된 후 분화 과정을 거치며 본래 결정된 성체의 모습으로 각각 성장하여 지상에는 하늘 부모님을 닮은 수많은 종이 존재하게 되었다는 이론이다.

무신론 관점의 과학자들은 하늘 부모님을 배제한 상태에서 관찰하므로 최초 생명체가 자연 발생한 것으로 관찰할 수밖에 없었고, 끊임없이 다른 종으로 종을 뛰어넘는 진화가 이뤄졌다는 관점에서 생명체들을 관찰하고 있었으므로 결국 무신론자들의 의식구조에 부합한 창조론이나 진화론을 창조할 수밖에 없었을 것이다.

3) 뇌세포라는 물질에서 의식이 발생한다고 믿는 창조론자들과 진화론자들은 근본적으로 유물론자들이다. 기독교인들은 동물과 같은 생명체들은 영적 존재가 아니라는 형태로 유물론을 주장하면서 인간만이 유일한 영적 존재라며 선택적 유신론을 믿고 있으나, 진화론자들은 인간뿐만 아니라 동식물들은 물질이 진화한 결과물이라는 관점에서 관찰하고 있으므로, 유물론자들은 영적 존재 자체를 일관되게 부정하고 있는 것이다.

진화론자들로서는 최초 생명체 출현에 대한 문제는 도저히 상상할 수 없는 문제이므로 자연 발생하였다고 믿고 있다.

최초 생명체가 출현한 이후 분화 과정과 성장 과정을 진화론 관점에서 관찰하고 자연선택에 의하여 수많은 형상의 생명체로 끊임없는 종을 뛰어넘는 진화를 통하여 지상에 다양한 생명체들이 존재하게 되었다는 진화이론을 신앙 차원에서 믿고 있다.

이렇게 창조론, 진화론과 성장론은 각각 관점과 뿌리가 다른 가치관으로서 창조론과 진화론의 거짓을 성장론에서 밝히고자 하는 것이다.

4) 창조론은 결과적인 생명체들을 관찰하며 다양한 동식물들이 존재하게 된 원인을 여호와가 그의 아들 예수와 함께 암수 짝을 맞춰 성체의 생명체들을 창조하였다는 관점에서 추론하여 만든 이론이고, 진화론은 최초에 출현한 미생물이 자연 발생한 이후 수많은 단계의 자연선택과 돌연변이를 통하여 장기들이 필요에 따라 발생하며, 단순한 부품에서 고성능 부품들로 진화하였고, 종의 진화도 이와 같은 방법으로 이뤄졌다는 관점에서 만든 이론이다.

5) 그동안 우주가 질서정연하거나 유기적으로 작동되는 현상과 아름다운 동식물들의 존재에 대해서는 신이 창조하였다는 창조론자들의 주장이, 물질들이 무질서하게 진화하여도 질서정연한 우주와 질서 정연한 다양한 생명체들의 모습으로 진화하였다는 진화론자들의 주장보다 상대적으로 더 설득력이 있었다고 본다.

6) 진화론자들은 무신론자이므로 최초 생명체의 출현을 밝히는 것

은 불가능하다고 본다. 따라서 도킨스와 같은 진화론자들은 성장 과정을 진화 과정으로 관찰하며 진화론이 옳다고 강변할 수밖에 없었을 것이다. 성장 과정을 진화론 관점에서 관찰한다면 진화 과정과 엇비슷하게 보일 수도 있으므로 진화론이 옳다고 확신하였을 것이다.

《천천경전》을 통하여 밝힌 성장론과 과학자들이 밝힌 진화론을 객관적 관점에서 관찰한다면 원인이 존재한다는 성장론보다 원인 없이 결과만 존재한다는 진화론은 '인과법칙'을 부정하는 이론으로, 사이비 과학 이론으로 추정하는 근거가 여기에 있는 것이다.

보수와 진보주의자들이 토론한다면 자신이 소속되어 있는 보수 또는 진보 가치관이 옳다는 관점에서 서로 상대방의 문제점을 지적하다 보면 결론을 쉽게 도출하기는 매우 어려울 것이다. 검증된 과학을 배척하는 창조론과 진화론자들도 서로 상대방의 가치관을 현미경을 들이대듯, 문제점을 비난하는 행위를 통하여 자신이 믿는 가치관이 옳다고 인식하게 되는데, 종교인들과 진화 과학자들은 종교와 과학을 표방하며 권모술수가 능한 궤변가들을 앞세워서 자신들의 주장을 관철시키고 있었다.

인간들은 이원론 관점의 의식구조를 가지고 있어 두 가설 중 어느 하나는 정답으로 생각할 수밖에 없으므로, 자신이 믿는 가설에 대한 문제점은 바로잡으려 하지 않고 서로 상대방의 문제점을 비난하며 상대방의 이론이 잘못되었으므로 자신이 믿는 이론이 옳다고 주장할 뿐이다.

이렇게 욕심 많은 인간들은 우주와 생명체의 결과물을 놓고 제3자의 관점에서 관찰하다 보니 창조론이나 진화론과 같은 가설을 만들 수밖에 없었고, 진리의 가치관으로 믿을 수밖에 없었던 것이다.

5 우주와 모든 생명체는 결과적인 것

약 150억 년 이전에는 우주가 존재하지 않았고, 약 46억 년 이전에는 지구가 존재하지 않아 동식물의 생명체들은 존재할 수 없었으므로, 우주와 지상의 생명체들은 원인적인 존재가 아니라 결과적인 존재들로 볼 수 있다.

원인이 없는 결과는 존재할 수 없기 때문에 지상에 존재하는 모든 생명체들은 예외 없이 부모 없이 존재하는 생명체는 존재할 수 없는 것이므로, 모두가 부모의 사랑에 의하여 부모의 형상을 닮아 태어난 결과적 존재인 것이다.

제 2 장

과학과
종교에 대하여

l 과학과 종교

1) 과학 이론과 종교 이론은 접근하는 방법은 다르더라도 원칙적으로 상통하여야 한다. 따라서 진화론과 창조론이 서로 상통하지 않는 것은 사이비 이론이기 때문이다.

올바른 종교와 과학은 서로 상반되거나 역행하는 관계가 아니라 상호 순행하고 보완되는 관계이므로, 하나님의 존재 여부 또는 최초 생명체 출현과 관련된 문제에 대하여 검증된 종교 이론과 검증된 과학 이론은 서로 상충되어서는 안 된다.

따라서 종교인들이 만든 창조론과 과학자들이 만든 진화론에 대해서는 본인이 지상에서 합리적으로 판단할 수 있는 유일한 사람이라 자부한다.

인간은 흙이나 말씀으로 창조했다는 형태의 검증된 비과학을 수용하는 종교들과 후천적 획득형질인 자연선택을 통하여 진화한다는 비과학을 수용하는 과학자들은 자기중심적으로 창조론 또는 진화론이 옳다고 생각할 수밖에 없으므로, 본서에서는 인류에게 정확하게 전달할 목적으로 검증된 비과학이 한 건 이상 내포되어 있는 창조론과 진화론을 주장하는 종교와 과학을 사이비 종교와 사이비 과학으로 규정할 수밖에 없는 것이다.

　종교인들은 비과학이 내포된 교리를 변명하기 위하여 과학은 사실을 다루고, 종교는 가치를 다루므로 종교와 과학은 상충되지 않는다고 주장하고 있으나, 이는 근본적으로 잘못된 권모술수의 주장일 뿐이다.

　2) 과학은 검증을 통하여 사실관계를 밝히는 학문이므로 창조론과 같은 어느 종교의 핵심 교리 또는 과학을 표방하며 내세우는 진화론과 같은 이론들이 검증된 과학에 배치되거나, 검증된 비과학을 수용하는 종교와 과학이라면 현대사회의 주류를 이루는 이론이더라도 명백한 사이비 종교 이론과 사이비 과학 이론일 뿐이다.

　3) 과학에서 다수설이나 소수설과 같은 검증이 안 된 여러 가지 가설들을 객관적인 관점에서 교육하지 않고 학생들에게 다수설이 옳다는 관점에서 행하는 교육은 다수설을 올바른 가치관으로 인식시키는 행위이므로 교육이 아니라 세뇌라고 본다.

　이러한 다수설에 대한 주관적인 교육을 통하여 비과학적인 진화론과 창조론이 진리의 가치관으로 변신할 수 있었다.

　다수설이라 하여 반드시 옳은 것은 아니다. 한 예로, 천동설이 다수설이었던 것과 같이 틀린 경우도 많았으므로, 객관적인 관점에서 교육하여야만 학생들을 올바르게 계도할 수 있다.

4) 창조론은 수많은 생명체들 중에서 유일하게 인간에게만 생기라는 영혼을 불어넣었으므로 인간만 영적 존재라고 믿고 있고, 진화론은 일관되게 무신론을 믿고 있는데 이러한 믿음은 세뇌에 의한 믿음일 뿐이다.

인간들은 이원론 관점에서 두 가치관 중 어느 하나의 가치관을 진리의 가치관으로 믿게 되므로, 자신이 믿는 가치관이 옳다는 관점에서 상대방이 믿는 가치관을 현미경으로 보듯이 자세히 관찰하며 자신이 믿는 창조론 또는 진화론을 진리의 가치관으로 인식할 수 있었다.

예를 들어 창조론을 믿는 맹신자가 새로운 종교를 만들었다면 원조 종교에서 파생된 종파는 당연히 창조론을 이어받을 수밖에 없으며, 창조론이 사이비 가치관이라면 파생된 종파들은 이유 여하를 불문하고 모두 사이비 종파라 할 수 있다.

창조론은 권모술수가 능한 맹신자들에 의하여 진리의 종교 이론으로 변신하게 되었고, 신자들의 규모에 따라 진리의 종교로 인식할 수밖에 없었다.

진화론 또한 권모술수가 능한 맹신자들에 의하여 비과학이 내포된 이론이 과학으로 포장되었다.

진화론을 진리의 가치관으로 인식하는 과정은 창조론을 진리라고 인식하는 과정과 매우 흡사하므로 비과학적인 진화론을 믿고 실천하는 행위는 일종의 사이비 신앙행위로 볼 수 있다.

5) 현재를 중심으로 과거와 미래를 판단한다면, 미래는 수없이 많

은 변수가 존재하기 마련이다. 미래 어느 시점의 역사와 실제 역사는 불일치하지만, 화석의 기록들은 과거 어느 시점의 기록들이 쌓여 만들어졌으므로 화석의 기록들은 100% 일치하는 사실 기록이며, 화석의 기록은 검증된 과학의 기록이다.

따라서 현재 시점이 존재하지 않는다면 화석의 기록들이 만들어질 수 없으므로 현재 발생할 수 없는 사건은 과거에도 발생할 수 없다는 사실을 깨달아야 할 것이다.

예를 들면 이탈리아 폼페이에서 발굴된 화석의 기록은 과거 어느 시점의 사실 기록이므로 정확하게 해독만 할 수 있다면 약 2,000년 전 폼페이에서 화산폭발로 도시 전체가 화산재에 덮여 화석이 되었을 당시의 상황을 정확하게 알 수 있을 것이다.

지구의 지층과 화석들도 마찬가지로 시점의 기록들이 이어져 만들어진 사실 기록들이므로 과학에 근거하여 지층과 화석들을 정확하게 해독만 할 수만 있다면 지층의 나이와 역사, 당시 지구 환경을 정확하게 알 수 있다.

검증된 과학의 관점에서 과거 어느 시점의 화석 속에 존재한 생명체들과 현존하는 생명체들을 종합적으로 비교 관찰하거나 정확하게 해독할 수만 있다면 진화론과 성장론 중 어떤 주장이 옳은지 정답을 찾을 수 있을 것이다.

히말라야 정상의 지층에서 삼엽충과 투구게의 화석이 발견되었다고 한다면, 히말라야 정상의 지층은 약 5억 년 전 당시에는 바다의 지표면이었고, 5억 년 전에 이미 완벽한 기능을 갖춘 성체의 삼엽충과 투구게가 바다에서 후손을 번식하며 살았다는 증거이므로 이를 부인하는 것은 비과학적인 발상이라 생각한다.

약 5억 년 전 지상에서 살아가는 생명체들이 대멸종이 몇 차례 반복되는 과정에서 화석 속에서 자취를 감추었는데도 5억 년 전에 살았던 같은 종의 삼엽충과 투구게가 현재까지 살아가고 있다면 다시 출현한 것으로 볼 수 있으므로 진화이론과는 비개연적인 내용이다.

지상에서 살아왔던 생명체들이 멸종 이후에 같은 종이 다시 출현한 사례를 정확하게 밝혀낸다면, 전혀 다른 환경에서 진화하여도 같은 종의 생명체로 진화한다는 의미이므로, 진화하였는지 또는 살아 있었던 미생물 상태에서 다시 성장하였는지를 정확하게 밝힐 수 있는 것이다.

2 교육과 세뇌

1) 과학으로 검증된 가치관을 옳다고 가르치거나, 과학으로 확실하게 검증되지 않은 가설들을 객관적 관점에서 가르치는 행위는 교육이지만, 비과학이 내포되어 있는 어느 가설이 옳다는 관점에서 가르치거나, 어느 가설의 관점에서 제3의 가치관을 옳다는 관점에서 가르치는 것은 교육이 아니라 세뇌라고 본다.

교육과 세뇌는 별 차이가 없어 보이지만 큰 차이가 있음을 알 수 있을 것이다.

예를 들면, 중세 시대에는 천동설이 다수설이었고, 지동설은 소수설이었는데, 천동설과 지동설 중 정답은 오직 하나뿐이고, 과학으로 검증되지 아니하였으므로 천동설이나 지동설을 객관적 관점에서 가르치면 교육이고, 육지는 수평선으로 되어 있다거나 지구가 정지되었다는 관점에서 태양이 지구를 돌고 있다거나 아침에 태양이 떠오른다고 가르치는 것은 지구가 정지되었다는 관점에서 행하는 교육이므로 정확하게 말하면 교육이 아니라 세뇌이다.

당시는 태양이 지구를 돈다는 세뇌를 통하여 지구가 정지되었다는 사이비 과학을 은연중 올바른 가치관으로 인식시키는 간접적인 세뇌 효과가 있었다.

따라서 검증되지 않은 가설이 진리라는 관점에서 제3의 가치관을 함부로 교육해서도 안 된다.

검증되지 않은 가설, 즉 다수설이 옳다는 관점에서 교육하는 교육자가 있다면 학생들의 심성을 파괴할 수도 있으므로, 교육자적 양심을 걸고 이를 자제하여야 할 것이다.

2) 각 종교에서 행하는 교육도 과학적으로 검증된 교리만을 가르치면 교육이고 비과학적인 교리를 옳다는 관점에서 가르치는 것은 교육이 아니라 세뇌이다.

약육강식의 의식이 내포된 창조론과 진화론에 대한 교육은 학생들의 심성 형성에 심대한 영향을 미칠 뿐만 아니라 심성을 파괴시킬 수 있는 창조론 또는 진화론을 옳다고 교육하는 행위는 신자들과 학생들의 심성을 파괴시키려는 고의적인 행동으로 볼 수 있다.

예를 들어 코페르니쿠스가 최초로 주장한 지동설은 당시에는 과학으로 검증되지 않은 소수설이었는데 지동설을 정확하게 알게 된 천주교의 수사 조르다노 브루노가 갈릴레오보다 먼저 지구가 우주의 중심이라는 천동설 관점의 기독교 교리가 잘못되었다며 죽음을 각오하고 지동설을 주장하였다.

이에 올바른 의식을 가진 가톨릭 교황이라면 브루노의 주장을 구체적으로 알아보고 천동설 관점의 성경 기록들을 지동설 관점으로 바로잡고 지동설을 주장한 브루노를 성인으로 추대하여 추모했어야 옳았을 것이다. 그러나 교황은 브루노를 7년간 옥살이시킨 것도 모자라 더 이상 지동설을 발설하지 못하도록 입에 재갈을 물리고 불태워 죽였는데 이러한 비민주적이고 독재적인 종교가 바로 사이비 종교이다.

3) 신자들에게 사이비 교리를 타인에게 교육하게 하는 소위 선교 행위를 통하여 신자 자신이 자신을 강하게 세뇌시키는 효과가 있어 선교에 가담한 신자들은 맹신을 바탕으로 신념을 갖게 되는데, 이러한 자들이 종교지도자로 성장하여 사이비 교주에게 충성을 다하며 적극적으로 후대 신자들을 구속하므로 피폐한 지상 사회가 지속될 수밖에 없다.

인간은 자체가 영적 존재이기 때문에 상대방을 향한 염원이나 기도를 통하여 상대방의 의식에 영향을 미칠 수도 있다.

목표를 두고 반복하여 상대방을 위하여 기도하거나 염원하면 그 내용이 상대방에게 전달되어 꿈이나 영적 현상으로 나타나기도 하는

데, 이러한 현상을 경험한 신자들은 체험한 사실을 자연스럽게 믿게 되므로 이러한 현상을 통하여 사이비 종교들이 진리의 종교로 변신할 수 있었다.

이렇게 비진리에 대한 세뇌는 사이비 교주를 믿게 하여 인간들의 심성을 파괴하지만, 진리에 대한 교육은 잘못된 심성을 바로잡아 올바른 삶을 추구하게 하므로 올바른 교육이 얼마나 중요한지를 알 수 있을 것이다.

3 인과법칙

1) 원인을 정확하게 알고 결과를 모른다면 연역적 방법을 통하여 결과를 알 수 있고, 결과를 정확하게 알고 원인을 모른다면 귀납적 방법을 통하여 원인을 정확하게 알 수 있을 것이다.

따라서 하나님의 존재를 알 수 없는 인간들은 우주 발생 원인이나 생명체 발생 원인에 대해서는 알 수 없다 하더라도, 우주와 생명체들과 같은 결정적인 물증이 존재하므로 이러한 물증들을 올바르게 관찰만 할 수 있다면 우주와 생명체들이 출현하게 된 원인을 정확하게 밝힐 수 있을 것이다.

2) 무신론자인 진화론자들에게 영적 존재와 최초 생명체의 발생 원인을 설명하여도 설득시키기 매우 어렵다.

진화론자들이 지상에서 살아가는 동식물들을 관찰하여 귀납적인 방법으로 진화론을 밝히듯이, 성장론도 귀납적인 방법으로 우주와 생명체들과 같은 물증을 관찰하여 발생 원인을 밝혀야만 성장론을 이해할 수 있을 것이다.

3) 인류는 생존경쟁하며 약육강식의 관점에서 살아왔으므로 3차원 관점의 의식구조에 부합한 창조론이나 진화론과 같은 가설들을 만들 수밖에 없었다.

욕심으로 가득 찬 인간들은 진화론을 신봉함으로 당장 성장론을 받아들이기 어려울 것이다.

이제는 결과물인 우주와 지상에 출현한 생명체들을 보다 정확하게 관찰하여 생명체 발생 원인을 검증된 과학을 바탕으로 설득력 있게 밝혀야만 창조론자들이나 진화론자들을 납득시킬 수 있고, 신앙 차원의 교육을 통하여 왜곡되어 있는 인류의 의식구조를 바로잡을 수 있을 것이다.

4 사이비 신앙

1) 창조론과 진화론은 비과학이 내포되어 있는 이론이고 약육강식의 의식이 내포되어 있는 가설이므로 이를 객관적 관점에서 교육하지 않고, 어느 가설이 옳다는 관점에서 교육하는 것은 세뇌이므로 창조론과 진화론이 옳다고 가르치는 종교 지도자와 교육자들은 학생들을 약육강식 심성으로 살아가도록 인도하는 직접적인 가해자라 할 수 있다.

이와 같이 과학과 상반된 이론이거나 과학으로 완벽하게 검증이 안된 수많은 비과학이 내포된 가설들을 유명한 종교지도자와 과학자에 의하여 창조론과 진화론에 설득되어 믿는 행위도 세뇌에 의한 믿음과 믿음에 의한 신념일 뿐이다. 과학 역시 시대에 따라서 가변적인 결과물들은 진리라고 보기는 어렵다.

2) 원인 없이도 결과가 존재한다거나, 비과학이 내포되어 있는데도 진화론이 옳다고 주장하는 과학자들은 검증된 과학 법칙을 부정하는 사이비 과학자들이므로, 그들의 주장을 액면 그대로 받아들이는 것은 어리석은 것이다. 고성능 망원경으로 우주가 확장되어 가는 과정을 관측하여 나름대로 계산 끝에 우주의 나이가 약 137억 년이라거나, 화석과 같은 수많은 과학적 증거물을 가지고 지구의 나이는 약 46억 년이라는 과학자들의 주장은, 수많은 지층과 화석들의 생성 기간들을 무시하고 우주의 출현과 인류 역사가 불과 6천 년밖에 안 되었다는 기독교인들의 주장보다 오히려 사실에 가깝다고 본다.

따라서 현대 과학자들이 주장하는 우주의 나이와 기독교인들이 주장하는 우주의 나이가 약 230만 배나 차이가 나는데, 여기서는 과학자들의 주장이 과학을 무시하고 일방적으로 주장하는 기독교인과 무슬림들의 주장보다 실체적 사실에 더 가깝기 때문에 우주의 나이가 6천 년이라고 주장하는 창조론이라면 그러한 종교 이론은 더 이상 믿을 가치가 없다고 본다.

3) 종교와 과학을 표방하며 그럴듯하게 만든 가치관이라 하더라도 검증된 과학과 배치된다면 이유 여하를 불문하고 사이비 가치관임을 알아야 할 것이다.

따라서 창조론이나 진화론과 같은 가설에 대한 올바른 교육은 학생이나 신자들에게 여러 가설들 중 하나의 가설임을 명확하게 인식시키면서, 객관적인 관점에서 가르쳐야 진정한 교육이라 말할 수 있을 것이다.

창조론과 진화론의 가설들이 진리의 요건을 갖추려면 다양한 관점에서 관찰하여도 각각 검증된 과학과 일맥상통하여야 하고, 실현 가능할 때 진리로 인정받을 수 있다.

창조론과 진화론의 가설들의 핵심 내용이 검증된 과학과 한 가지 이상 배치되거나 검증된 비과학이 한 가지 이상 내포되어 있다면, 기본 상식을 가진 과학자들이라면 사이비 가치관임을 알았거나 알 수 있는데도 이러한 가설들을 창조론자들과 진화론자들의 입맛에 맞게 해석하며 두루뭉술하게 받아들여 믿고 있는 형국인데 이는 근본적으로 잘못되었다고 본다.

4) 결론은 창조론과 진화론은 검증된 비과학이 내포되어 있으므로 사이비 가치관이라고 단정적으로 말하여도 틀리지 않을 것이다.

그러나 성장론은 검증된 과학과 전체적으로 일맥상통하므로 가장 합리적인 가치관이다.

약육강식의 의식이 내포되어 있는 창조론과 진화론에 대한 교육은 인간 심성을 욕심의 심성으로 변화시키는 데 반하여, 부모의 사랑이 내포되어 있는 성장론에 대한 교육은 민주적 심성으로 변화시켜 학생들에게 전혀 피해가 없으므로 이를 공교육에 적극적으로 반영하여야 할 것이다.

5 물 위를 뛰는 도마뱀, 물 위를 걷는 인간

1) '바실리스크'라는 도마뱀이 북부 아메리카에 서식하는데 그 도마뱀은 뒷다리의 뛰어난 순발력을 이용하여 물 위를 뛰어다닐 수 있다고 한다.

도마뱀이 물 위에서 뛰어다닐 수 있는 묘기의 비밀은 가벼운 몸무게, 뛰어난 순발력, 그리고 뒷다리의 편평한 발바닥의 표면 장력과 발가락에 의하여 발생한 공기 방울에 의한 부력에 있으므로, 빠른 속도로 뛰지 않는다면 몸무게가 아무리 가볍더라도 물 위에서 몸무게를 지탱할 수 없어 물속에 빠질 수밖에 없다.

2) 이러한 주장들은 실체적 관계와 부합한 주장이므로 '바실리스크' 도마뱀에 대한 과학적인 설명만으로도 납득할 수 있다.

그렇다면 '바실리스크' 도마뱀이 물 위를 걸어 다닌다는 주장은 당연히 틀린 주장이지만, '바실리스크' 도마뱀이 물 위를 뛰어다닌다는 주장은 실체적 관계가 있는 올바른 주장이다.

3) 그러나 예수가 갈릴리 호수에서 물 위를 걸어 다녔다는 주장은 인간으로서 무거운 몸무게, 둔한 순발력, 몸을 물 위에 띄울 수 없는 좁은 발바닥이므로 인간들은 어떠한 경우에도 물 위를 걸어 다닐 수 없는데도, 인간이라는 예수가 물 위에서 걸어 다녔다고 기록되어 있는 성경 기록을 기독교 신자들이 믿고 있는데, 이렇게 비과학적인 교리들에 대한 세뇌의 최종 목적은 예수를 메시아로 귀결시키거나 창조론을 진리의 가치관으로 귀결시키기 위한 고도로 계산된 세뇌라 볼 수 있다.

실체적인 구세주라면 구세주가 아니라고 비난한다고 해서 구세주가 아닌 것은 아니듯이 비과학적인 창조론을 표방하는 사이비 구세주를 구세주라고 믿는다고 해서 구세주가 되는 것도 아니므로, 그동안 신자들은 자신들의 부모를 배척하며 부모 행세하는 사이비 교주를 구세주로 믿고 스스로 구속되어 살아가고 있는 것이다.

사랑의 교주를 표방하면서 신자들을 보호하기는커녕 심판한다는 주장은 앞뒤가 맞지 않은 비개연적인 주장이므로, 명백한 사이비 교주임을 알 수 있는데도, 신자들은 무소불위의 교주라는 관점에서 관찰하며 스스로 심판받으며 구속되어 살아가므로 사이비 교주라는 사실조차도 인식할 수 없는 것이다. 이제부터라도 예수가 물 위를 걸어 다녔다는 성경 기록을 맹목적으로 믿을 것이 아니라 과학적으로 검증된 성경 내용만을 골라서 믿어야만 올바른 의식을 갖출 수 있고 창조론의 실체를 알 수 있을 것이다.

만약, 예수가 물 위를 걸어 다녔다는 성경 기록을 옳다고 세뇌하는 종교라면 그 한 가지 조건만으로도 명백한 사이비 교리를 바탕으로 한 사이비 종교로밖에 볼 수 없을 것이다.

마찬가지로 독재정권들이 사건을 조작하거나 가짜 뉴스를 만들어 선전하며 국민들의 의식을 왜곡시켜 놓고 민주정권 행세하면 욕심이 많은 인간들이 독재정권을 민주정권으로 알고 추종하듯이, 종교를 만든 독재자들도 조작된 사건을 바탕으로 사이비 교리를 만들어 놓고 사랑의 구세주로 행세하면 욕심이 많은 신자들이 사이비 교주를 추종하게 된다.

앞으로 사회를 왜곡시켜 정치적, 종교적 이익을 얻으려고 독재자들의 구미에 맞는 사이비 이론을 만들어 제공한 자, 정치적 종교적 사건을 조작한 자, 가짜 뉴스를 만들거나 퍼뜨려 국민들을 기망한 자들을 강력하게 처벌한다면 사이비 종교는 발을 붙이기가 어려울 것이다.

6 사이비 과학과 지식인의 역할

1) 약육강식의 의식이 내포된 진화론을 믿는 사회는 약육강식과 적자생존을 추구하는 강자 중심의 폭력적인 사회가 조성될 것이다.

창조론을 믿는 신자들은 교주가 행하는 심판의 의식을 전수받아 심판을 추구하며 변화된 강보수의 심성으로 살아가고 있고, 진화론자들도 마찬가지로 진화론 교육을 통하여 약육강식의 강보수 의식으로 살아가고 있으므로 강자 중심의 독재사회가 전개되는 것과는 정반대로, 사랑의 의식이 내포되어 있는 성장론에 대한 교육을 통하여 인류의 심성을 민주의식으로 바로잡을 수 있을 것이다.

대부분의 인류가 각종 종교와 사상에 자신도 모르게 세뇌되어 있는 상태이고, 세뇌된 어느 가치관의 관점에서 종교와 과학을 관찰하기 때문에 정상적인 관찰이 어렵고, 올바른 결과물을 내놓기도 어렵다.

2) 검증된 과학을 바탕으로 사이비 종교와 사이비 과학에 대한 문제점을 지적하더라도 세뇌된 맹신자들에 의하여 마귀가 씐 자로 매도되거나 사이비 지식인으로 매도되어 핍박당할 수밖에 없다. 이러한 환경에서는 세계적인 석학이라 하더라도 사이비 종교와 과학을 적극적으로 비판하고 바로잡기는 불가능한 것이다.

유대교를 믿는 맹신자들이 교리를 업그레이드하여 새로운 종파를 만들어 냄으로 기성 가치관이 사이비 가치관이라면, 기성 가치관에서 파생된 가치관들은 모두 사이비 가치관으로 볼 수밖에 없다.

예를 들면 유대교와 같은 원시 종교 교주가 만든 창조론이 사이비 가치관이라면 유대교에서 파생된 종파들도 창조론을 믿는 사이비 종파들인 것이다. 원시 과학자들이 만들어 낸 원조 사상들이 사이비 사상이라면 원조 사상에서 업그레이드시킨 사상들도 같은 부류의 사이비 사상에 불과하다.

3) 가톨릭에서 파생된 개신교 종파들이 진리의 종교로 행세하는 과정에서 가톨릭이 보다 깊게 뿌리내리게 되는데, 가톨릭과 개신교 종

파들이 서로 비난하며 진리의 종교로 행세하게 되었고 공생하는 원인이 되었다.

구약성경을 바탕으로 만들어진 기독교와 이슬람교가 서로 상대방 종교를 사이비 종교라고 비난하면서 함께 공생하거나 성장하는 한통속의 사이비 종교들인 셈이다.

파생된 종파들은 모교의 교리를 이어받을 수밖에 없으므로 유대교의 교리인 창조론이 유대교에서 천주교와 이슬람교로, 천주교에서 수많은 개신교 종파로 이어져 오면서 창조론이 옳다는 관점에서 신앙 교육이 이뤄졌으므로, 유대교와 천주교, 개신교의 신자들은 자신들이 믿는 창조론을 주관적으로 관찰하므로 비과학이 내포되어 있더라도 창조론을 진리의 교리로 인식할 수밖에 없었다.

사이비 교주를 추종하는 종교 지도자들이 세뇌에 취약한 미성년자와 부녀자들을 신자로 만들어 놓고 무소불위의 종교 권력으로 창조론을 세뇌시켜 진리의 가치관으로 믿게 되면 결국 사이비 교주를 구세주로 믿게 되는 우를 범하게 되는 것이다.

7 종교인과 진화론자

1) 기독교에서 설교의 단골 메뉴 중 하나가 오병이어의 기적인데, 빵 다섯 개와 물고기 두 마리를 가지고 무소불위의 창조 권능으로 수천 배를 뻥튀기하는 기적을 통하여 오천 명의 군중을 먹이고도 남았다는 소위 오병이어의 기적이라는 설교를 수백 번, 수천 번 들어왔던

신자들은 이미 세뇌되어 있는 상태이므로, 오병이어의 기적을 실체적인 사건으로 믿게 되는데, 이러한 오병이어의 기적이라는 가짜 사건을 만든 사이비 교주를 통하여 욕심의 의식을 전수받은 신자들이 왜곡된 심성으로 피폐하게 살아가고 있다면, 가짜 사건을 만든 사이비 교주를 탓해야 할 것인데 선량하게 살아가는 불신자들을 탓하며 불신자들 때문에 피폐한 사회가 조성되었다며 불신자들을 심판하고 있는 것이다.

성경의 수많은 오병이어의 기적과 같은 비과학적인 조작된 사건들을 믿고 왜곡된 심성을 갖추면 검증된 과학을 배척하며 진화론을 주장하거나 흙이라는 재료로 생명체들을 창조했다거나 말씀으로 우주와 생명체들을 창조했다는 허황된 창조론을 믿을 수밖에 없다.

2) 멘델의 유전법칙은 종 자체 내의 변이를 의미하므로 어떠한 경우에도 교배를 통해서는 종이 변화되지 않는다는 내용은 검증된 과학 이론임에도, 진화론을 수천 번을 들어 이미 세뇌되어 있는 상태이므로, 멘델의 유전법칙을 근거로 교배 또는 후천적 획득형질에 의해서는 종이 변화되지 않는다고 아무리 반복하여 교육하여도 뒤돌아서면 곧바로 교배와 환경의 변화를 통하여 종이 변화된다며 비과학적인 진화론을 반복적으로 주장할 수밖에 없다.

이렇게 사이비 가치관에 세뇌되어 좀비가 된 자들만이 도깨비 방망이 차원의 창조론을 만들어 놓고 믿거나, 최초의 생명체가 자연 발생하여 진화하였다는 비과학적인 진화론을 만들어 놓고 믿는 것이다.

제 3 장

동·서양인들의
의식구조

1 서양인의 의식구조

1) 백인계열 서양인들의 의식구조는 사물 전체를 종합적으로 관찰하지 못하고, 각각의 소재 중심으로 전체 내용을 파악하려는 의식구조를 가졌다. 이들은 여행 중에 사진을 찍을 때 주위 배경보다는 인물 중심으로 사진을 찍는 경향이 있다.

이들은 현대 과학의 관점에서 문제에 대한 해답을 찾으려 하지 않고 유전자가 무엇인지조차도 모르는 오파린·밀러 또는 폭스와 같은 원시 과학자가 개별적으로 밝힌 진화 가설의 관점에서 정답을 찾으려 한다.

또한, 모세와 같은 원시 종교인이 만든 창조 가설의 관점에서 정답을 찾으려 하므로 원시인들이 만든 진화론이나 창조론과 같은 비과학적인 이론이 업그레이드되어 그럴듯하게 포장된 것을 그대로 믿고 있는 것이다.

서양인들의 의식구조는 지엽적인 소재로부터 전체적인 부분으로 확장되어 가는 형태로 사물을 관찰하는 경향이 있다. 그들이 만든 언어를 보아도 서양인들의 의식구조에 맞게 확장되어가는 형태의 어순으로 나열되어 있다.

예를 들어 주소를 보면 번지를 바탕으로 확장되어 가면서 최종적으로 국적을 기록하므로 번지수를 관찰하여 국적을 판단하는 형태이다.

모세가 만든 창조이론을 창조론자들이 계승 발전시켜 창조과학으로 포장하여 창조론이 옳다고 주장하거나, 오파린과 같은 원시 과학자들이 만든 진화이론을 현대 과학자들이 계승 발전시켜 진화론을 주장하듯이, 서양인들은 원시 종교인들과 원시 과학자들이 만든 이론을 계승 발전시켜 후세 종교인들과 과학자들에 의하여 진리의 가치관으로 확립하였던 것이다.

2) 이렇게 서양인들이 만든 가치관들이 자신들의 의식구조에 맞게 여러 형태의 가치관들로 표출되었으며 진리의 가치관으로 포장되어 인류의 의식 속에 자리 잡게 된 것이다.

따라서 창조론과 진화론뿐만 아니라 서양에서 들어온 여러 가지 가치관들도 서양인들의 왜곡되어 있는 의식구조에 의하여 만들어졌고, 시간이 흐를수록 비과학적 가치관이 인류의 의식 속에 진리의 가치관으로 확립되었기 때문에 과학이 발전한 현대 사회라 하더라도 진화론의 핵심 내용이 사이비 과학 이론이 내포되어 있는 사실을 알면서도 창조론과 진화론자들은 그 굴레에서 벗어날 수 없는 것이다.

3) 예를 들면 유대교를 바로잡는다면서 유대교의 얼굴에 가톨릭의 가면을 씌워 놓고 가톨릭이 진리의 종교로 행세하거나, 부패한 가톨

릭을 개혁한다며 가톨릭의 얼굴에 개신교의 가면을 씌워 놓고 개신교
가 진리의 종교로 행세하는 형국인데, 종파는 지속적으로 바뀌어도
신의 명칭이나 기독교의 핵심 교리인 창조론은 그대로 이어받으면서
지엽적인 부분만을 업그레이드시킬 뿐이어서 그동안 창조론 관점의
이론이 사이비 이론인지 여부는 논란의 대상이 될 수 없었다.

2 동양인의 의식구조

1) 황인 계열 동양인들 중에서도 특히 한국인들의 의식구조는 사물
을 관찰할 때 개별 소재를 중심으로 관찰하는 것이 아니라 전체를 종
합적으로 관찰하려는 의식구조를 가졌기 때문에 사진을 찍을 때 인물
보다는 주위 배경을 중요시하여 사진을 찍는다.

따라서 개별 소재 관점에서 만들어 업그레이드시킨 진화론을 믿는
다거나, 여호와가 사람을 흙으로 창조하였다거나 예수가 말씀으로
창조하였다는 창조론을 믿는 것은 동양인들의 의식구조로서는 이해
가 어렵다고 볼 수 있다.

그동안 서양인들이 3차원 관점에서 만든 창조론이나 진화론에 동
양인들도 세뇌되어 있는 상태이므로 비과학이 내포되어 있는 사실을
알면서도 믿을 수밖에 없었을 것이다.

동양인들은 전체적인 것으로부터 지엽적인 부분으로 축소되어가는
형태로 관찰하는 경향이 있다. 동양인들의 의식구조에 의하여 만들
어진 언어를 보아도 전체적인 것으로부터 지엽적인 부분으로 축소되

는 형태로 어순이 나열되어 있는 것을 알 수 있다.

예를 들어, 주소를 보면 동양인들은 국적을 바탕으로 지역을 축소해 가면서 주소를 기록하므로 각각의 소재 격인 번지는 잘못 기록하였더라도 가장 먼저 기록한 국적은 종합적으로 관찰하여 기록할 수밖에 없으므로, 동양인들은 큰 틀은 대체로 옳게 판단하는 경향이 있으며, 번지와 같은 잘못 기록되어 있는 부분이 있다면 잘못 기록된 부분만 바로잡으면 된다.

즉, 동양인들은 종합적으로 관찰하여 최소한 어느 국적과 같은 창조론이나 진화론이라는 큰 틀은 옳게 판단할 수 있는 반면에, 서양인들은 과거 원시 종교인과 과학자들이 만든 창조 가설과 진화 가설을 업그레이드시켜 이론을 정립해 놓은 창조론과 진화론을 믿고 있는 것이다.

이런 이유로 서양인들은 의식구조가 3차원 의식구조로 왜곡되어 있다 보니, 창조론과 진화론을 바로잡기 어려웠을 것이며, 그 틀을 벗어나기 어려운 것이다.

따라서 서양인들의 의식구조에서 만들어진 창조론과 진화론을 바로잡을 진리의 가치관은 종합적이고 객관적으로 판단할 수 있는 의식구조를 가진 동양인들에 의하여 나올 수밖에 없었다.

2) 철학이나 의학도 서양과 동양의 상반된 의식구조에서 발전되었다.

따라서 서양의학은 기독교의 영향을 받아 신이 만든 작품이라는 관점에서 관찰하여 인체를 각종 장기들의 결합체로 봄으로 원인적인 영인의 관점에서 육신을 종합적으로 관찰하며 유기적으로 연결된 장기들의 기능을 회복하는 형태로 치료하기보다는, 기계 고장은 부품의 노후화나 부품의 결함 때문인 것으로 관찰하고 부품을 교체하거나 수리하는 형태로 작동이 잘 안 되는 장기를 떼어내거나 수리하는 차원에서 접근하였다.

육신을 치료하여도 육신과 일체화되어 있는 영인의 치료도 어느 정도 효과가 있으므로 자신들이 행하는 치료 방법이 옳다고 믿을 수밖에 없었다.

그러나 동양의학의 치료 방법은 인과법칙과 같이 원인 관점에서 관찰하여 면역력을 증진하거나 침, 뜸, 체질들을 인체에 적용하여 근본적인 치료가 가능하다.

제 4 장

생명체 기원에 대한 기존 학설의 고찰

1 창조론에 대한 고찰

1) 창조론과 진화론은 신의 존재 여부를 놓고 각각 상반된 관점에서 나온 학설이다.

창조론은 수많은 종의 생명체들을 각각 성체로 창조하였으므로 모든 동식물들은 과거부터 현재까지 종과 형상은 변할 수 없다는 주장이다.

창조론에 대한 주장은 모세 이전에도 기성 종교에 의하여 있었고, 천지 창조에 대한 주장의 대표적인 것이 바벨론의 천지창조설, 수메르의 엔키신화, 이집트의 레에 의한 우주 창조설이다.

2) 기존 창조 설화와 같이 기독교에서도 엇비슷하게 유일신인 여호와, 예수, 성령의 삼위일체 하나님이 주권적이고도 자의적인 계획과 의지와 섭리에 의하여, 우주와 생명체들을 창조하였다고 밝히고 있다.

과거에는 존재하지 않았던 우주와 생명체가 하나님에 의하여 창조되었다는 창조론은 그리스도교 신앙의 핵심 교리인데, 우주와 생명체들이 존재하게 된 원인에 대하여 여호와 하나님이 창조하였다고 밝힌 창조론은 진화론자들의 입장에서는 이해할 수도 없는 황당한 주장이지만 각 종교가 자신들이 만든 교리를 신앙교육을 통하여 창조론을 세뇌시키므로, 신자들 중심으로 믿을 수밖에 없었다.

3) 하나님은 6일간에 걸쳐 첫째 날에 빛을 창조하였고, 이어서 식물, 우주, 물고기와 새, 기어 다니는 동물들과 인간을 창조하였다고 주장하면서도 창조에 대한 과학적 근거를 제시하지 못하고 있다.

기독교 신자들은 오직 하나님이 창조하였다는 성경에 기록된 창조론에 매달리며 창조론이 옳다는 일방적인 주장을 되풀이하고 있는 것이다.

2 진화론에 대한 고찰

1) 진화론의 역사는 고대 그리스에서부터 시작되었는데 자연철학자인 엠페도클레스는 경험 세계의 생멸을 설명하면서 지(地)·수(水)·풍(風)·화(火)라는 4원소가 결합과 분리를 통해 동물체의 여러 부분이 각각 발생하여 지상에서 결합되었다고 주장하였고, 아낙사고라스는 물고기 모양의 조상에서 유래하였다고 주장하였는데 이들의 주장이 진화 관념의 효시이다.

2) 아리스토텔레스는 생물의 여러 부류가 완전의 정도에 따라 관계적으로 연쇄를 이루어 배열되어 있다는 자연의 단계를 설명하였으

며, 근세에 와서 무신론 관점의 과학자들에 의하여 위와 같은 주장을 바탕으로 천태만상의 생물들의 계통 분류가 이뤄졌고, 계통 분류를 통하여 진화 사상을 낳는 결정적인 계기가 되었다.

3) 근세에 들어와서 진화사상이 뚜렷하게 나타나기 시작한 것은 18세기 중엽 프랑스에서 모페르튀에 의하여서이다. '사람 및 동물의 기원(1745)'이라는 저서에서 식물과 동물에 대한 종의 변화에 관해 기술하였고, 뷔퐁은 '박물지(1749)'를 통하여 생물은 환경의 영향, 특히 온도와 먹이가 직접 원인이 되어 종이 변화된다고 주장하였다.

올바크는 '자연의 체계(1770)'를 통하여 인간은 자연에 의한 역사적 변화의 소산이라고 주장하였으며, 당시 디데로와 같은 혁신적인 철학자들과 함께 진화 사상을 고취하였다.

18세기 말 영국에서 찰스 다윈의 조부인 E. 다윈이 '주노미아(1794~1796)'를 통하여 생물계의 법칙성을 논하면서 생물의 욕구가 작용을 일으키며, 그 결과 진보하고 대를 이어가는 과정에서 진화한다고 주장하였다.

4) 진화론을 처음으로 체계적으로 제시한 사람은 프랑스의 생물학자인 라마르크로, '동물철학(1809)'에서 동물분류학 · 생명론 · 감각론과 함께 진화 사상을 상세하게 기술하였다.

라마르크는 광물과 식물뿐만 아니라 동물에 대해서도 분류 체계를 세우면서 그 전체적인 경향을 진화라고 주장하였는데, 라마르크는 무기물에서 자연 발생한 원시 생명체가 그 구조에 따라 저절로 발달하여 복잡하게 변화된다는 점진적 발달설과 함께 습성에 의해 획득된 후천적 형질이 유전한다는 용불용설을 주장하였다.

라마르크는 '동물철학(1809)'을 통하여 처음으로 용불용설을 주장하였는데, "어떤 동물의 어떤 기관이든지 자주 쓰면 그 기관은 더욱 강해지고 크기도 더해 가며, 사용되는 과정에서 특별한 기능도 갖게 되고, 어떤 기관을 사용하지 않으면 그 기관은 점차 쇠퇴하므로, 퇴화 기관으로 알려져 있는 흔적들도 이러한 과정을 거쳐 생겨난 것이다" 라고 주장하였다.

동물에게서 나타나는 특이한 기관들은 이러한 과정을 거쳐서 발생된 것이며, 이러한 현상들이 새로운 종이 발생되는 진화의 원인이라고 설명하였다.

라마르크는 생물들은 환경에 적응하려는 내적 욕구가 있으며 이 욕구에 따라 스스로 형질을 변화시킬 능력이 있고, 더불어 환경에 맞게 변모된 표현 형질, 즉 후천적 획득형질이 유전되며, 동물들은 내부 감각과 욕구를 통하여 진화한다고 주장하였다.

그러나 오늘날의 생물학자들에 의하여 후천적 획득형질이 유전된다는 라마르크의 용불용설은 폐기된 이론인데, 라마르크가 만든 용불용설을 다윈이 이어받았다.

현대 유전학에 근거하여 볼 때, 체세포에서 일어나는 변화는 그 세대에서 끝나고 유전되지 않기 때문에 용불용설은 잘못된 과학 이론임이 밝혀진 상태이다.

5) 라마르크의 진화론을 계승 발전시킨 사람은 찰스 다윈이다. 그는 '종의 기원'(1859)을 통하여 자연선택설을 근간으로 새로운 종이 발생하는 메커니즘을 설명하였는데 종이 변화되는 원인에 대하여 후천적 획득형질이 유전된다는 라마르크의 용불용설을 수용하면서, 자연선택, 즉 후천적 획득형질에 의하여 종의 변이가 이뤄진다고 주장하였다.

다윈은 라마르크가 주장했던 용불용설을 받아들이면서도 '전진적 발달설'을 배격하고, 후천적 획득형질 즉 용불용설의 다른 표현인 자연선택설과 함께, 갈라파고스에서 잡아온 핀치새를 용불용설 관점에서 관찰하여 '종의 기원'을 만들어 놓고 무신론자들을 설득하는 데 성공하였다.

6) 자연선택에 의하여 진화한다는 다윈의 진화론은 유럽 열강들 중 세계 침략의 선두주자였던 영국인들이 가장 많이 진화되었다는 관점에서 영국인들의 우월성과 번영의 이념이 되었고, 이러한 자연선택설이 영국 산업자본주의 발전의 이념이 되었다.

'종의 기원'은 근본적으로 무신론 관점의 이론임에도 기독교 국가인 영국에서 종교인들의 반감을 일으키면서도 진화론이 정치적으로 이용되어 정권차원에서 홍보가 이뤄지는데, 대부분의 사이비 종교인들이 침략을 통하여 세계적 선교가 이뤄졌던 것과 같이, 다윈의 진화론도 유럽 침략자들에 의하여 전 세계에 확산될 수 있었으며, 침략 지역에서 살아가는 주민들에게 적자생존과 침략당하는 것이 당연한 것으로 인식시키면서 인류의 의식 속에 진화론이 올바른 가치관으로 각인되었다.

따라서 진화론을 공교육에 반영하여 약육강식의 사회가 정상적인 사회로 인식하게 되어, 제국주의 국가였던 영국은 물론이고 유럽 침략 국가들의 식민정책을 합리화하는 데 진화론이 정치적으로 이용되기도 하였다.

다윈 이후에도 진화 학설에 관한 논의가 그치지 않았는데 그 쟁점 중 하나는 라마르크가 만들어 낸 용불용설을 다윈이 그대로 모방한 후천적 획득형질의 유전문제가 진화론의 핵심 쟁점이 되었다.

그것은 멘델이 발표한 유전법칙을 통하여 교배를 통한 변이는 종 자체 내의 변이일 뿐 종이 변화되지 않는다는 내용이 불변의 가치관임이 뒤늦게 과학적 검증을 통하여 밝혀졌고, 또한 용불용설과 같은 후천적 획득형질은 유전되지 않는다는 사실이 밝혀졌기 때문이다.

7) 진화론을 추구하는 과학자들이 진화론을 합리화하기 위하여 다윈의 자연선택설과 돌연변이, 멘델의 유전법칙을 결합시켜 만든 진화이론이 '현대종합설'이다.

즉 현대종합설은 후천적 획득형질에 의하여 진화한다는 라마르크의 용불용설을 배격하면서도 다윈이 부르짖은 후천적 획득형질의 별칭인 자연선택설을 받아들이거나, 격리설과 같은 잡다한 비과학적인 이론들을 상황에 맞게 받아들이고, 멘델의 유전법칙과 같은 과학 이론을 받아들이는 모양을 취하면서도 자연선택을 통하여 진화한다는 이율배반적인 진화이론이 곧 '현대종합설'이다.

8) 유전학적 증거들을 바탕으로 자연선택설을 재조명하면서, 진화론자들은 유전학과 자연선택설이 대립관계가 아님을 밝히려는 과정에서, 돌연변이는 자연선택에 걸림돌이 되는 것이 아니라 자연선택이일어나기 위한 변이를 제공하는 재료라는 개념으로 인식하게 되었다.
이러한 '현대종합설'을 이끌어낸 학자들로 인하여 문제를 폭넓게 이해하려는 경향이 많았기 때문에, 점차 세분화되어 가던 여러 생물학분야를 통합할 수 있는 기회를 제공하였다.

9) 신종합설 이후 다윈을 추종하는 신다윈주의 학파에 의하여 강화된 자연선택설이 진화의 주요 메커니즘으로 관찰되며 더욱 정교하게다듬어졌는데, '종의 기원'의 핵심을 이루는 후천적 획득형질을 자연선택이라는 용어로 교묘하게 합리화하여 믿는 것은, 마치 창조론을창조과학으로 합리화해서 믿는 창조론자들과 다르지 않다.
진화론자들도 맹신자들에 의하여 '종의 기원'에 기록된 내용들 중에서 믿고 싶지 않은 비과학적 주장들은 두루뭉술하게 넘어가고 점괘와같이 여러 가지 해석이 가능한 자연선택설만을 문자 그대로 받아들이고 '종의 기원'이 옳다는 관점에서 공교육에 반영하여 진화론자들을양산하고 있다.

10) 로마네스는 지리적 또는 생리적인 격리에 의한 교잡의 방지가

없이는 종이 변화되는 생물의 진화는 있을 수 없다는 격리설을 주장하였다.

진화론에 기인하여 움트기 시작하던 유전 연구는 1900년 멘델리즘의 재발견을 기점으로 새로운 국면을 맞이한다.

20세기 초에는 유전자의 불변성이 믿어졌고, 요한센은 순계설(純系說, 1903)을 내세워 자연선택은 순계의 분리에 소용될 뿐이며 환경에 의한 변이는 진화에 중요하지 않다고 주장하였다.

드 브리스는 달맞이꽃의 연구로 돌연변이설(1901)을 내놓았는데 진화는 순계하는 과정에서 일련의 돌연변이로 말미암아 일어나며 자연선택은 별로 역할이 없다고 지적하였다.

유전학의 급속한 발전으로 돌연변이의 본질이 밝혀지고 생물학의 여러 분야에서 새로운 연구 성과가 집적됨으로써 진화의 경로 및 요인에 관한 연구가 비약적으로 진행되었다.

이리하여 돌연변이·교잡·격리·자연선택 등을 진화의 종합적인 요인으로 생각하는 '현대종합설' 시대가 도래하게 된다.

11) 위와 같이 수많은 무신론 관점의 진화 과학자들에 의하여 다양한 진화이론에 대한 논쟁을 통하여 과학계에서는 결국 신이 생명체들을 창조했다는 관점에서 만들어진 창조론은 배제되었고, 생명체들이 존재하게 된 원인은 자연선택에 의한 진화의 역사적 산물이라고 인식하게 되었다.

따라서 진화론자들은 생물진화의 핵심이 자연선택이라며 종교적 차원에서 '종의 기원'을 진화론의 경전으로 인식하고 다윈을 추종하고 있지만 자연선택은 진화론의 핵심 타이틀일 뿐이고, 다윈을 추종하는 맹신자들에 의하여 다양한 비과학적인 내용이 내포된 수많은 진화 가설을 끌어들여 현대종합설이라는 진화이론을 만들어 놓고 믿으면서 다윈을 추종하고 있는 것이다.

모세는 우주와 생명체들을 신이 창조했다고 구약성경에 대충 기록해 놓았는데 맹신자들에 의하여 그럴듯하게 이론이 정립되고 비과학이 내포된 창조론을 신자들이 믿게 되었다.

마찬가지로 다윈이 '종의 기원'에 진화론을 대충 기록해 놓으면 다윈을 추종하는 맹신자들에 의하여 그럴듯하게 이론이 정립되고 비과학이 내포된 진화론을 포장하여 신자들이 이를 믿게 되었다.

진화론을 교육받아 온 학생들의 입장에서는 일방적으로 주장하는 창조론보다 과학을 표방하는 진화론을 정답으로 믿는 형국인데, 진화론을 믿는 과정은 사이비 종교의 신자가 창조론을 믿는 과정과 비슷하다.

3 천체비래설에 대한 고찰

1) 파스퇴르가 과학적 실험을 통하여 미생물들이 자연 발생하여 부패가 이뤄진 것이 아니라 공기 중에 존재하고 있었던 미생물들에 의해 부패가 발생한다는 사실을 확인함에 따라 생명체의 자연 발생설은 부정되었다.

파스퇴르가 실험하기 이전에는 음식물에 미생물이 자연 발생하여 부패가 이뤄졌다고 믿고 있었지만, 파스퇴르의 과학적 실험 이후부터는 생물은 생명체로부터 발생된다는 생물속생설이 대세가 되었던 것이다.

2) 《천천경전》에서 밝힌 바와 같이 모든 생명체들은 부모로부터 생물이 발생한다는 생물의 속생설이 사실상 올바른 이론임에도 진화론자들의 입장에서는 최초 생명체가 발생하게 된 생물속생설을 도저히 인정하기 어려웠다.

진화론자들은 지상에 존재하는 모든 생명체들에 대한 생물속생설은 사실상 올바른 이론이므로, 모든 과학자들이 인정하고 있으면서도, 오직 최초에 출현한 생명체에 대한 생물속생설만은 하나님의 존재를 부정하는 무신론자 입장에서는 부정할 수밖에 없었을 것이다.

파스퇴르에 의하여 미생물의 자연발생설이 부정됨에 따라, 진화론자들에 의하여 생명체를 구성하는 유기물이나 생명체가 외계로부터 유입되어 최초 생명체가 지구상에 출현하게 되었다는 학설이 천체비래설이다.

1865년 독일의 리히터는 다른 천체로부터 생명의 씨앗(코스모조아)이 운석에 실려 지구에 날아와서 원시 생명체가 출현하게 되었다는 코스모조아설을 주장하였으며, 1903년 스웨덴의 아레니우스는 다른 천체로부터 판스퍼미아라는 생명의 씨앗이 빛의 압력에 의해 지구에 날아와 최초 생명체가 출현하였다는 천체비래설을 주장하였다.

제 5 장

인간은 어떠한
존재인가?

1 인간은 영인과 육신으로 구성되어 있다

1) 인간이 어떻게 구성되어 있는가를 정확하게 알아야만 생명체가 존재하게 된 원인을 알 수 있다. 따라서 자신이 어떤 형태로 구성되어 있고 의식이 발생하거나 표현되는 메커니즘을 정확하게 알아야만 최초 생명체가 발생하게 된 원인과 복잡하게 얽혀 있는, 인류가 알아야 할 난제를 풀어 갈 수 있으므로, 가장 먼저 인간 자체에 대하여 정확하게 알아야 한다.

2) 그렇다면 인간은 어떻게 구성되어 있을까?

본인은 《천천경전》을 통하여 인간의 몸 안에 내포되어 있는 영혼 또는 속사람(이하 영인이라 한다.)이 존재하고 영인과 육신이 일체화되어 살아가고 있는 사실을 밝힌 바 있다.

인간들은 자신의 영인이 육신과 일체화되어 살아가므로, 육신과 같은 형상을 하고 있음에도 형체가 분명하지 않다는 관점에서 영혼이나 혼백, 혼불 등으로 대충대충 표현하고 있지만 정확한 표현은 영적 인간, 즉 영인이다.

인류는 그동안 원인적인 영인의 존재를 배제한 채 결과적인 육신만을 인간으로 관찰하여 유물론 관점에서 정답을 찾으려 하므로 육신의 뇌가 마치 기억 용량이 큰 인공지능 컴퓨터와 같이 경험했던 사실이나 터득한 지식들이 뇌세포의 어딘가에 저장되고 저장된 뇌의 물질에서 의식이나 생각이 발생하거나 정신작용이 이뤄진다고 관찰하였는데, 그것은 인간들의 왜곡된 의식구조에 의한 잘못된 관찰이다.

3) 이러한 발상은 진화론자들뿐만 아니라 인간들이 영적 존재라고 믿고 있는 종교인들마저도 육신만을 인간으로 관찰하여 인간들의 뇌세포에 정보가 저장되거나 뇌세포에서 마음이나 의식이 발생하여 사고하거나 행동한다고 유물론 관점에서 관찰하고 있었으므로, 뇌의 용량에 따라 고등동물이나 하등동물이 결정된다고 주장한다.

4) 살펴보면 영인의 실체가 곧 육신이다. 3차원 관점에서 살아가는 유물론자들은 육안으로 볼 수 없는 영인이 존재한다고 주장하는 것을 궤변으로 생각하겠지만, 그 영인과 육신은 내외 양면에서 일체화되어 있어 육신의 형상을 영인의 형상으로 보아도 틀리지 않는다.
따라서 모든 생명체들은 영체와 육체가 일체화되어 같은 형상으로 살아가고 있기 때문에 생명체들의 육신의 형상을 통하여 영인의 형상을 알 수 있는 것이다.
인간들은 영인과 육신이 일체화된 상태에서 영인의 뇌에서 이뤄지는 생각이 육신의 뇌를 통하여 정보처리 되어 행동하므로 영인의 의식으로 살아가면서도, 두뇌에서 발생한 육신의 의식으로 살아가고 있다고 신앙 차원에서 믿고 있으므로, 육신의 행동이 곧 영인의 행동임을 알 수가 없는 것이다.

육신의 뇌를 통하여 외적으로 표현된 마음이나 행동들은 육신의 뇌에서 발생한 마음이나 행동이 아니라, 자기 영인의 뇌에서 발생한 마음과 행동이 육신의 뇌에서 정보처리 되어 외적으로 표현되는 메커니즘을 정확하게 알아야만 자신을 이해할 수 있고 창조론이나 진화론의 문제점을 정확하게 이해할 수 있을 것이다.

5) 인간들은 육신 관점에서 살아왔으므로 육신의 두뇌가 마음이나 의식을 생성하는 기관으로 알고 있었기 때문에 육신의 두뇌와 일체화된 영인의 두뇌에서 나오는 마음과 생각들을 육신의 두뇌에서 정보처리 하여 외적으로 표현되는 기초적인 사실마저도 알 수 없었다.

실체적 사실관계를 밝혀야 할 과학자들도 인간의 뇌가 마치 인공지능 컴퓨터와 같이 뇌세포에서 정신이 발생하여 사고하거나 행동한다고 믿는 유물론자들이므로 실체적 사실관계를 밝힐 수가 없었다.

3차원 의식으로 살아가는 욕심의 인간들은 약육강식의 의식으로 살아가므로 자주적 관점에서 관찰할 수 없어 그동안 근본 원인을 알 수 없었다. 즉, 보수와 진보의식을 가진 욕심의 인간들은 3자의 관점에서 관찰하여 창조론과 진화론이라는 결과물을 얻을 수밖에 없었으며, 이런 이유들로 인하여 그동안 4차원의 영적 세계에 대한 근본 문제를 밝힐 수 없었다.

2 인간의 뇌는 영인의 의식을 변환하는 기관이다

1) 그동안 과학자들이 인간의 뇌를 연구하여 알아낸 언어 또는 운동을 주관하는 뇌와 관련된 연구 내용들은 다른 부위의 뇌에 비교하면 보다 연관성은 더 많겠지만, 연관성이 있다 하더라도 과학자들이 지목하는 특정 부위의 뇌를 제거하여도 언어 또는 운동과 관련된 사례가 한 건이라도 존재한다면 과학자들의 주장이 잘못된 주장임을 입증하는 사례가 될 것이다.

2) 이와 같은 내용의 수많은 임상 사례가 존재하는데도 진화론에 세뇌되어 있는 과학자들은 마음이나 언어, 운동과 같은 기억들을 관장하는 기관이 각각 다른 것으로 알고 있는 것이다.

이유는 육신의 뇌는 영인의 뇌에서 발생하는 의식을 변환하는 변환기관임을 과학자들조차도 알 수 없었기 때문이다.

이런 이유로 인하여 3차원 관점에서 살아가는 인간들은 육신의 뇌 어느 곳에서 마음이 발생하거나, 기억이 저장되는 것으로 알고 있어, 관장하는 뇌의 각 부위에서 마음 작용이 일어나거나 기억들이 저장되고 컴퓨터의 중앙처리장치(CPU)와 같이 뇌의 전두엽과 같은 곳에서 정보를 종합적으로 처리하여 마음이나 생각이 표출되는 것으로 생각할 수밖에 없었다.

과학자들의 주장이 옳기 위해서는 어느 부위의 뇌세포가 파괴되어 치매 환자가 되었다면 손상된 뇌세포에 저장된 기억들은 되살릴 수 없어야 하는데 뇌세포가 손상되었는데도 가장 사랑하는 배우자나 자

녀들의 특별한 기억들만을 선택적으로 되살리는 사례를 통하여 뇌세포에서 의식이 발생한다는 과학자들의 주장은 잘못된 주장임을 입증할 수 있다.

3) 과학자들은 물론이고 기독교뿐만 아니라 이슬람교 또는 불교를 믿는 종교인들마저도 그동안 뇌세포에서 마음이 발생하는 것으로 믿는 유물론자들로 육신과 일체화된 영인의 두뇌에서 하고자 하는 대로 육신의 두뇌에서 정보처리 되거나, 육체를 통하여 외적인 행동으로 표현되는 메커니즘을 알 수가 없었다.

그렇기 때문에 외적으로 표현된 육신의 행동들이 자신의 영인이 행하는 행동임을 알지 못하는 것이다.

예를 들면 '당신을 사랑한다'고 생각한다면 사랑하겠다는 의식이 육신의 뇌세포에서 발생하여 사랑하겠다는 말과 행동으로 표출된 것이 아니라 자신의 영인의 주관적 의지에 의하여 '당신을 사랑한다'는 생각이 이뤄지고 일체화된 육신의 뇌를 통하여 정보처리 되어 생각과 동시에 말과 행동으로 표현되는 실체적 사실을 알지 못한 것이다.

4) 마치 컴퓨터의 하드웨어 부분이 인간의 육신의 뇌라고 가정한다면, 소프트웨어의 각종 프로그램을 영인의 뇌라고 가정할 수 있다.

인간들은 육신의 뇌와 같은 컴퓨터의 하드웨어에서 의식이 발생하거나 생각이 발생하는 것으로 알고 있는데, 컴퓨터 하드웨어는 소프트웨어의 응용 프로그램을 표현하는 변환기기에 불과한데도, 인간들은 컴퓨터 하드웨어에서 소프트웨어 프로그램이 발생하여 모니터 화면에 표출된 것으로 믿고 있는 형국이다.

5) 정상적인 컴퓨터라 하더라도 쓰레기 프로그램을 컴퓨터에 입력하면 컴퓨터 화면에 쓰레기 화면이 표출된다.

컴퓨터에 표출된 쓰레기 화면만 관찰한다면 고장 난 컴퓨터로 판단할 수 있듯이, 영인의 존재를 부정하는 의사들은 영인이 병들었다면 영인을 치료하여 육신의 병을 고쳐야 하겠지만, 컴퓨터 하드웨어 격인 육신의 고장으로 판단하여 육신의 뇌를 수리하는 형국이어서 근본적인 영인의 병을 치료할 수 없었고, 다만 육신의 뇌 손상에 의하여 발생한 정신병만 치료 효과가 있었던 것이다.

3 중풍과 치매의 발병 원인

1) 과학자들과 종교인들은 지금까지 뇌세포에서 의식이 발생한다는 유물론 관점에서 뇌세포에서 마음이 생성되거나 발생하는 것으로 관찰하고 있었으므로, 뇌 손상 때문에 중풍이나 치매와 같은 어눌한 환자가 된 것으로 믿고 있다.

2) 중풍이나 치매 환자는 뇌의 손상된 부위에 따라 영인의 생각이나 마음을 정상적으로 표현할 수 없어 외적으로 어눌한 모습의 중풍 환자가 되거나 치매 환자가 되었는데도, 영인의 존재를 부정하는 우

매한 인간들은 육신 관점에서 관찰하므로 뇌가 손상되었기 때문에 뇌세포에서 의식이 정상적으로 발생할 수 없어 어눌한 중풍 환자가 되었다거나 치매 환자가 된 것이라고 주장할 수밖에 없었다.

무신론자들은 육신을 통해서만 모든 정보의 입출력이 표현되기 때문에 육신의 뇌에서 의식이 발생한다고 생각할 수밖에 없었는데, 이러한 육신 관점의 관찰이 근본적으로 잘못되었다는 사실을 인류 역사상 어느 누구도 정확하게 알 수 없었기 때문에, 현 인류의 의식구조에 의해서는 창조론이나 진화론과 같은 비과학적인 가치관이 창조될 수밖에 없었던 것이다.

3) 육신이 노후화되어 심장과 같은 주요 장기가 작동을 멈추거나, 사고로 인하여 주요 장기들이 고장으로 정상적으로 작동하지 못한다면 생명을 유지시킬 수 없어 그동안 육체와 일체화되어 활동하였던 영인이 육신을 떠나게 되며, 육신의 죽음과 동시에 분리된 영인은 영적 세계에서의 삶을 시작하는 것이다.

그동안 영인과 육신이 일체화되어 살아가다가 육신이 사망하더라도 육신에서 분리된 영인의 모습이나 의식구조는 그대로 유지되므로, 애벌레에서 나비가 되어 날아다니듯이, 주요 장기가 고장으로 작동하지 못하면 육신은 사망에 이르게 되고 영인은 육신에서 탈피하게 되며, 탈피된 영인은 지상에서 살아가면서 형성된 마인드대로 영적 세계에서 영구적인 삶을 시작하는 것이다.

영인은 죽지 않고 영원히 살아가는 존재이고 인간들은 영인의 의식으로 살아가므로, 육신은 늙거나 병이 들어도 자신은 죽지 않고 영원히 살 것으로 인식하게 되는데 그것은 인간의 마음이 곧 자기 영인의 마음이고 그 영인은 늙지 않고 영원히 살 수 있기 때문에 나타나는 현상이다.

4) 종교인뿐만 아니라 과학자들도 지금까지 자신의 영인을 부정하고 영인의 껍데기에 불과한 육신만을 본질의 인간이라고 신앙 차원에서 믿고 있으므로 실체적 본질의 인간인 영인의 존재를 알 수 없는 것이다.

그렇다면 껍데기와 같이 없어질 자신의 육신을 본질의 인간으로 생각할 것이 아니라, 지금까지 생각한 것과는 정반대로 자신의 의지대로 생각하거나 육신과 일체화되어 행동하며 영원히 살아갈 수 있는 자신의 영인을 본질의 인간으로 관찰해야 옳다고 본다.

따라서 영인과 육신이 일체화되어 살아가는 인간들은 영인의 의식으로 살아간다는 사실을 정확하게 알아야만 생명체가 존재하게 된 원인에 대한 정답을 찾을 수 있으므로 과학자들이 가장 먼저 검증하여야 할 핵심 과제인 것이다.

예를 들면 사고를 당하여 팔다리가 없는 장애인이 팔다리가 가렵거나 팔다리에 통증을 느끼는 경우가 있는데 그것은 인간의 눈으로 볼 수 없는 영인의 팔다리는 그대로 존재하므로 영인의 팔다리에 통증을 느끼는 경우이다. 이러한 현상은 영인의 팔다리에 느끼는 통증임에도 육신의 통증으로 인식하기 때문에 나타나는 현상이다.

뒤집어 관찰한다면 영인의 어느 신체 부위의 통증이 곧 육신의 어느 신체 부위의 통증으로 나타난다는 사실도 알 수 있다.

5) 임사체험과 관련하여 살펴보면 인간들이 살아가는 과정에서 사고나 질병 따위로 심장과 뇌 기능이 멈춰 의학적으로 사망한 상태에서 되살아나는 사람들 중에 약 10% 정도가 사후세계에 대한 체험을 하게 되는데 이를 임사체험이라고 한다. 임사체험의 경험자들은 자신(영인)이 누워 있는 자신(육신)을 위에서 내려다보았다고 주장한다.

창조론자들이나 진화론자들과 같이 마음이나 생각이 육신의 뇌에서 발생한다고 생각하는 자들에 따르면 육신이 사망하여 뇌사한 상태라면 임사체험은 존재할 수 없다고 주장해야 올바른 주장일 것이다.

그러나 임사체험자들 모두가 예외 없이 공중에 떠서 활동하는 자신(영인)이 죽어 있는 자신(육신)의 모습을 내려다보았다고 주장하며 주변 상황을 정확하게 진술하고 있다.

우리는 이러한 임사체험 사례를 통하여 의견이 일치한 두 가지의 실체적 사실을 확인할 수 있다.

살펴보면 첫 번째 내용은 지금까지는 육신만을 자신으로 생각해 왔는데 사망 후에는 육신의 형상과 똑같은 또 하나의 자신(영인)이 존재한다는 사실이다.

두 번째 내용은 인간들은 창조론자들과 진화론자들과 같이 마음이나 의식이 육신의 뇌에서 발생한 것으로 알고 있었으나, 육신의 사망과 동시에 자신(영인)이 육신에서 분리된 상태에서도 마음이나 의식이 그대로 유지되고 있다는 사실이다.

또한, 영인이 육신에서 분리된 후에는 육신은 시체가 되었고, 영인이 살아서 활동하면서 영인의 의식으로 심폐 소생술을 시술하는 의사들과 자신(육신)을 공중에서 내려다보았다는 것이다.

그렇다면 지상에서 살아가는 사람들은 육신의 뇌에서 발생한 의식으로 활동하다가 사망한 후에는 사망한 육신에서 홀연히 또 다른 자신(영인)이 발생하여 영인의 뇌에서 발생하는 의식으로 살아가는가? 이는 아니라고 확신한다.

앞에서 밝힌 바와 같이 인간들 자체 내에는 이미 영인과 육신이 일체화되어 존재하고 있었고 영인의 의식으로 살아가다가 육신이 사망하게 되면 영인은 육신에서 분리되었던 것이고, 사망 전의 영장 선상에서 육신과 일체화되어 살아왔던 영인의 의식 그대로 영적 세계에서 살아가게 된다는 사실을 임사체험 사례를 통하여 정확하게 알 수 있을 것이다.

6) 무지한 인간들은 영인과 육신이 일체화된 상태에서 영인의 의식으로 살아가는데도 모든 입출력이 육신을 통하여 이뤄지므로 실체적인 자신의 영인을 부정하고 껍데기와 같은 육신을 관찰하며 육신의 뇌에서 발생한 마음이나 의식으로 살아가고 있는 것으로 잘못 알고 왜곡된 삶을 살아가고 있는 것이다.

위와 같이 인간은 육신 관점에서 살아가면서 육신의 뇌에서 마음이나 생각이 발생한다는 관점에서 창조론과 진화론이라는 가설을 만들 수밖에 없었는데 이러한 잘못되어 있는 가설들을 객관적으로 가르치지 않고 어느 가설이 옳다는 관점에서 주관적으로 가르치고 있었기 때문에 수많은 문제점이 내포되어 있는 창조론과 진화론을 믿을 수밖에 없었고, 창조론과 진화론에 갇혀 약육강식 의식으로 피폐하게 살아가는 인간들은 왜곡되어 있는 약육강식의 사회를 바로잡을 수가 없는 것이다.

대학교수와 초, 중등 교사들이 창조론과 진화론과 같은 가설들을 객관적으로 가르치지 않는다면 사실관계를 왜곡시킬 수 있기 때문에 객관적으로 가르칠 수 없다면, 이들은 학생들을 가르칠 자격이 없는 것이다.

앞으로는 인류가 알아야 할 핵심 이론인 창조론, 진화론과 성장론만은 최소한 객관적 관점에서 가르쳐야 할 것이다.

4 생명체가 존재하게 된 원인을 밝히는 방법

1) 무신론자들은 유신론자들을 향하여 하나님과 영적 세계 또는 영인들의 존재를 입증하라며 비아냥거리는데, 자신이 영적 존재인 사실조차도 알지 못하는 무지한 자들에게 4차원의 영적 세계에 대한 어느 무엇을 밝혀도 믿지 않고 배척할 자들이다.

따라서 무신론자들이 최소한 자신의 신체구조와 의식이 발생되는 메커니즘을 정확하게 알아야만 생명체가 존재하게 된 원인과 영적 세계의 존재에 대해서도 정확하게 이해할 수 있을 것이다.

육신의 뇌세포에서 마음이 발생한다는 유물론 관점의 창조론·진화론과 영인의 뇌에서 마음이 발생한다는 유신론 관점의 성장론을 비교 관찰하여 성장론이 옳은 가치관임을 정확하게 알아야만 인류가 존재하게 된 원인에 대한 퍼즐을 정확하게 맞출 수 있고, 비뚤어진 인류의 심성을 바로잡을 수 있는 것이다.

2) 인간에게는 영인의 존재가 육신 내에 내포되어 있다는 사실을 바탕으로 성장론(잉태론)을 밝혔는데, 앞으로 창조론, 진화론과 성장론에 대하여 객관적 관점에서 지속적으로 교육한다면 언젠가는 성장론으로 바로잡을 수 있을 것으로 확신한다.

따라서 3차원 관점에서 살아가는 인류의 의식구조로서는 새로운 가치관들을 받아들이기가 어렵겠지만 학생들의 잘못된 심성을 바로잡아야 할 책임이 있는 대학에서 창조론이나 진화론과 함께 성장론을 교육할 것을 간곡하게 요청하였는데, 대학 총장들은 관련된 학과 교수들에게 검토하라고 과제를 주는 등 적극성을 보여야 함에도 현재까지는 관심조차 없으므로, 시급하게 성장론을 알리기 위하여 성장론과 관련된 부분만을 발췌하여 알기 쉽게 출간하였으므로, 대학과 초, 중고등학교에서는 이러한 사실을 객관적 관점에서 가르쳐야만 학생들이 잘못된 삶을 살아가게 만든 책임에서 벗어날 수 있을 것이다.

3) 창조론자들은 과학적 근거를 제시하지 못하고 여호와 하나님이 6일 동안에 우주와 생명체들을 창조했다는 성경 기록을 제시하고 있

으나, 과학적 근거를 제시하지 않고 기존의 주장만을 되풀이한다면 영적 존재 자체를 부정하는 진화론자들을 납득시킬 수도 없을 것이다.

따라서 진화론자들이 지상에 존재하는 생명체들을 관찰하며 귀납적인 방법으로 진화론을 학생들에게 설득시켜 왔듯이, 성장론도 진화론자들과 같이 지상에 존재하는 생명체들을 보다 더 정확하게 관찰하여 귀납적인 방법으로 성장론을 입증해야만 세뇌되어 있는 진화론자들과 창조론자들을 설득시킬 수 있을 것이다.

그동안 창조론과 진화론에 세뇌되어 살아가는 3차원 관점의 의식구조를 가진 인간들이 4차원 관점의 의식구조로 바뀌어야만 성장론을 이해할 수 있기 때문에, 의식구조가 바뀌지 않는 상태에서는 성장론을 이해하기도 쉽지 않을 것이다.

비록 성장론이 옳다고 과학으로 입증되었더라도 무신론 관점의 인간들은 기존 주장을 되풀이할 수밖에 없는 좀비와 같은 의식 상태가 되었으므로, 이를 바로잡기 위해서는 오직 신앙 차원의 교육이 이뤄져야만 창조론과 진화론을 바로잡을 수 있는 안타까운 상황이라 아니할 수 없다.

5 영적 존재에 대하여

다음 화면들은 고스트 헌터인 도사우치 님 등이 심령과학 장비인 모션디텍터로 찍은 유튜브 동영상을 캡처한 화면이다.

인간이나 영인(영혼 또는 귀신)을 적외선을 투시하여 인간의 형체로
인식하면 영적 존재의 개략적인 형상을 모니터에 송출하여 화면으로
보여주는 장비로서 다음 사진들은 인간과 영인을 찍은 동영상을 캡처
한 사진이다.

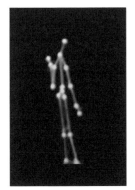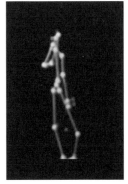

영인(영혼 또는 귀신)을 찍은 영상들

사람을 찍은 영상들

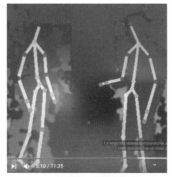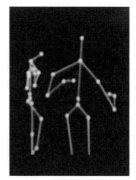

좌측 영인, 우측 사람을 찍은 영상

1) 상기 첫 번째 캡처한 맨 위 3장의 사진은 육신이 없는 영인을 찍은 심령사진으로, 인간 형상으로 인식할 때만 그림과 같은 형상의 영상이 찍힌다.

두 번째 칸 2장의 사진은 모션디텍터로 사람을 찍은 영상을 캡처한 사진인데, 사람은 당연히 사람으로 인식하므로 영인의 모습과 같은 형상이 찍힌다.

세 번째 칸 2장은 영인과 사람이 함께 찍은 사진으로서 사람의 모습도 영인과 같이 인식하기 때문에 영인의 모습과 같은 형상이 찍히게 된다.

2) 그동안 영인과 육신이 일체화되어 지상에서 살았던 인간들이 죽으면 육신은 지상에서 소멸되지만 영인은 육신에서 분리되어 영적 세계에 입적하여 영구적으로 살아간다.

그러나 지상에서 욕심 관점에서 살아온 인간들은 육신에 집착하므로 사망하면 영인은 죽을 당시의 형상으로 자신이 죽은 장소나 자신이 묻혀 있는 묘 주위와 폐가와 같은 곳을 떠돌면서 자신을 믿고 따르는 후손들이나 신자들을 괴롭히는 악귀들로 살아가고 있다.

3) 인간들은 육안으로는 영인들을 볼 수는 없지만 이제는 과학이 발달하여 모션디텍터라는 과학 장비로 지상에서 살아가는 영인의 사진을 찍을 수 있는 사회가 되었다.

모션디텍터라는 과학 장비는 영인들이 인간과 같은 형상을 하고 있어 당연히 인간으로 인식하므로 인간과 같은 형상이 찍히는 것은 당연할 것이다.

4) 보통의 사람들은 영인을 볼 수 없지만 영인의 형상을 직접 볼 수 있는 무당들도 많은데 촬영에 참가한 무당들이 지적하는 영인의 모습이 모션디텍터에 나타난 모습과 일치하는 것을 보면 모션디텍터에 찍힌 영인의 영상은 실체적 영적 존재임을 알 수 있을 것이다.

5) 일반 카메라에 사람이 아닌 영인이 찍히는 희귀한 사진이 가끔 화제가 되는데 진화론자들은 이러한 사진을 보면서도 어떠한 이유를 붙여서라도 영적 존재를 부정해 왔다.

또한 진화론자들은 무당들이나 심령과학자들이 영인이 존재한다는 주장을 일방적으로 배척하고 있지만, 이제는 모션디텍터와 같은 과학 장비를 통하여 영인의 개략적인 모습을 촬영하여 영인이 실존함이 입증되고 있으므로, 과학을 표방하는 진화론자들이라면 위 모션디텍터에 찍힌 영인에 대하여 영인의 존재가 아니라는 것을 입증한 후에 진화론이 옳다고 주장하든가, 아니면 무신론 관점의 진화론을 폐기하여야 옳을 것이다.

6) 무지한 진화론자들이 자신의 육안으로 영인을 볼 수 없다 하여 무당들의 주장이나 심령과학자들의 주장을 비과학적인 주장이라며 배척하고 있었는데, 자신들이 곧 영적 존재 당사자이면서도 영적 존재를 부정하는 진화론자들이야말로 자신이 믿고 싶은 것들만 선택적으로 믿는 사이비 신앙인들이기 때문에 모션디텍터와 같은 과학 장비를 통하여 영적 존재를 촬영한 영상물마저도 부정하며 자기주장만을 관철시킬 자들이다.

제 6 장

성장론

1 성장론

1) 본인은 《천천경전》을 통하여 창조론과 진화론은 모두 3차원 관점에서 살아가는 인간들이 창작한 사이비 가치관임을 밝힘과 동시에 하늘 부모님의 참사랑에 의하여 생명체가 탄생된 이후 성체로 성장하였다는 성장론을 인류 역사상 처음으로 밝혔다. 성장론은 하나님이 지상의 생명체들을 잉태하신 후 생명체가 탄생되었다는 이론이다. 잉태론이 곧 탄생론이며, 탄생론이 곧 성장론이고, 성장론이 곧 잉태론으로, 관점에 따라 성장론을 달리 표현할 수 있을 것이다.

2) 지상의 모든 생명체들은 하나님으로부터 탄생된 후 종의 분화 과정을 거친 이후에 오랜 기간에 걸쳐 성장하여 성체가 되었으므로, 곤충들이 성장하는 과정에서 애벌레가 나방이 되어 날아다니듯이 조류들도 수많은 세대를 거치며 성장하는 과정에서 어느 시기가 되면 날개가 발생하여 날게 되므로 기어 다니다가 날기까지의 소위 '진화 과정'이라는 기간 자체가 존재할 수 없다.

성장하였기 때문에 과거의 실체적 사실이 기록된 화석에서 곤충이든 조류이든 날개가 발생하는 진화 과정의 화석은 과거에도 발견되지 않았고 앞으로도 발견할 수 없을 것이다. 진화론자들은 천태만상의 다양한 화석들을 나열해 놓고 진화이론에 꿰맞춰 설명하면서 진화론이 옳다고 강변하고 있는 것이다.

3) 《천천경전》을 통하여 다각적인 측면에서 밝힌 '성장론'은 진화론자들의 경서인 '종의 기원'과 같이 연구 형식을 통한 주장은 아니더라도 누구나 납득할 수 있게 검증이 완료된 현대 과학의 관점에서 밝혔으므로, 최소한 비과학을 수용하는 창조이론이나 진화이론보다 더 과학적으로 밝힌 것이어서 올바른 의식을 가진 독자라면 조금만 관심을 가지고 관찰하여도 성장론이 옳다는 사실을 알 수 있을 것이다.

따라서 창조론자들이거나 진화론자들이 자신들이 믿고 있는 가치관과 반한다 하여 성장론을 사이비 가치관이라며 비난할 수 있지만, 성장론을 일방적으로 배척만 할 것이 아니라 객관적인 관점에서 평가를 해야 할 것이다.

2 생명체와 물의 발생 원인

생명체 발생 초기의 지구는 수천 년 동안 용암이 들끓는 불덩어리였으므로, 지구 전체가 완전한 무균 상태임을 진화론자들도 잘 알고 있어, 지구 자체에서 생명체가 발생하거나 물이 존재하게 된 원인에 대하여 진화론자들은 이를 이해하기 어려웠다.

진화론자들은 각 은하계들도 우리 은하계 또는 태양계의 행성들과 같은 형성 과정을 거쳐 존재하게 되었다면 생명체가 발생하게 된 원인을 지구 자체에서 찾아야 함에도, 생명체가 운석에 붙어 외계로부터 유입되었다거나, 우주 공간을 떠돌던 운석들에 내포되어 있었던 아미노산과 같은 물질들이 유입되어 생명체가 자연 발생하였다며 생명체 발생 원인을 지구 밖 외계로부터 찾고 있었는데, 이러한 진화 과학자들이야말로 과학의 탈을 쓰고 과학을 들먹이며 인류를 기망해 온 흉악한 사이비 과학자들이다.

물의 발생 원인도 처음부터 지구를 형성하는 물질에 물이 형성될 수 있는 수소와 산소가 어느 비율만큼 내포되어 있었다가 어느 시기에 화학작용을 일으키며 결합하여 지구상에 물이 자체적으로 형성될 수 있었음에도 물이 외계로부터 유입되었다는 진화론자들의 주장은 잘못된 주장이다.

대체적으로 지구만 한 크기의 물질 내에는 지구상에 있는 물의 총량의 비율만큼 수소와 산소가 내포되어 있었다고 봐야 하므로 태양과 같이 덩치가 큰 행성이라면 그 크기에 비례하여 엄청난 양의 수소와 산소가 존재한다는 사실을 알아야만 그 수소가 핵융합을 통하여 지속적으로 폭발할 수 있다는 사실을 이해할 수 있을 것이다.

지구상의 물과 수소와 산소가 외계로 증발하지 않는다면 지구상의 물의 총량은 영구적으로 변화가 없을 것이다.

태양의 행성들은 일정 규모 이상 온도가 상승하지 못하여 태양처럼 지속적으로 핵융합이 이뤄지지 못하고 식어감으로써 물질 내에 내재되어 있었던 수소와 산소가 화학작용을 일으키며 결합하여 대량의 물이 발생하게 되었고 규모가 작은 행성들은 물이 증발하여 생명체가 살아갈 수 없는 환경이 조성되었다.

태양을 형성하는 물질들 내에는 물을 구성하는 수소와 산소가 대량 내포되어 있으므로 이러한 물질들이 태양계 밖 외계로 증발하지 않는다면 태양계 내의 수소의 총량은 변하지 않으므로 태양에서는 핵융합에 의한 수소폭발이 지속적으로 이뤄지더라도 수소의 총량은 변하지 않으므로 수십억 년 동안 유지될 수 있는 것이다.

태양이 발생 초기에 태양계 내의 물질들을 인력작용으로 대부분 흡수하여 덩치가 커지는 과정에서 온도가 1억도 이상 상승하게 되면서 자체적으로 핵융합이 이뤄져 수소 폭발이 끊임없이 이뤄질 수 있었는데 폭발에 사용되었던 수소 연료가 소멸되거나 변질되지 않으므로 지속적으로 폭발 에너지로 사용되며 엄청난 양의 열을 발산하는데도 50여억 년 동안 유지될 수 있었고, 앞으로도 반영구적으로 유지할 수 있게 될 것이다.

3 생명체는 부모로부터 존재의 원인을 찾아야

1) 자신이 존재하게 된 원인을 찾는다면 당연히 자신을 낳아준 부모로부터 존재의 원인을 찾거나 선대로 거슬러 올라가면서 찾아야 하는 것은 기본 상식임에도 제3자의 관점에서 관찰하므로 최초 출현한 생명체를 뚝딱뚝딱 만들었다는 관점에서 도깨비 요술 방망이를 들고 다니며 마술을 부리는 하나님으로부터 찾거나, 자연 발생하였다는

관점에서 생명체 출현에 대한 원인을 찾으려 하므로 접근방법 자체가 잘못되어서 생명체들의 발생 원인을 찾을 수 없는 것이다.

또한, 인류는 열악한 환경에서 성장하는 과정에서 욕심의 의식이 형성되었으므로 왜곡된 의식에 의하여 비과학이 내포된 창조론을 만들거나 진화론을 만들 수밖에 없었고, 창조론과 진화론 관점에서 정답을 찾으려다 보니 정답을 찾을 수가 없었던 것이다.

2) 창조론자들과 진화론자들은 마치 홀로 살아가는 고아가 자신이 존재하게 된 원인에 대하여 신이 창조하였다거나 자연 발생하여 진화하였다는 관점에서 만든 창조론과 진화론을 믿는 것과 같은 것이다.

3) 3차원 관점에서 살아가는 과학자들이 만든 창조론이나 진화론을 믿는 상태에서는 최초에 출현한 생명체가 하나님으로부터 탄생된 이후 수많은 종으로 분화 과정을 거치는 것과, 수많은 세대를 거치며 하나님의 다각적인 형상을 닮은 모습으로 서서히 성장하게 된 사실은 상상할 수도 없었을 것이다.

4) 인간들의 의식 속에 현 우주와 다양한 생명체들이 당연히 존재한 것으로 세뇌되어 있어, 무신론 관점의 인간들은 우주와 생명체들이 당연히 존재하는 결과물들이라는 관점에서 관찰하므로 원인 관점에서 창조론을, 결과 관점에서 진화론을 창조할 수밖에 없었다.

5) 부모의 사랑을 통하여서만 부모를 닮은 자녀를 탄생시킬 수밖에 없듯이, 영적 세계에서 살아가시는 하늘 부모님도 지상의 부모들과 똑같은 방법으로 자녀를 잉태하시고 지상에 탄생시키셨다.

4 생명체들은 모두 잉태되었다

자녀들이 부모에 의하여 탄생된 것은 확실한데 인체의 신비에 대해서 현대 과학자들도 모두 밝혀내지 못할 정도로 과학적이다. 살아 움직이는 자녀들을 어떻게 만들었을까?

부모가 부모를 닮게 설계하고 부품을 만들고 조립하여 자녀들을 만드셨을까? 아니면 미생물이 모태에서 자연 발생한 후 진화하여 인간이 출현하였을까?

부모가 자녀를 어떻게 만들 것인가 신경 쓰지 않아도 사랑을 통하여 모태에서 자녀가 잉태한 이후 약 10개월 동안 성장한다면 다각적인 측면에서 부모를 빼닮은 예쁜 자녀들이 탄생한다.

나 자신이 태어난 것도 나의 의지에 의하여 태어난 것이 아니라 부모로부터 선천적으로 결정된 후 모태에서부터 성장하여 부모를 닮은 것이며 부모와 조부모도 선천적으로 결정되어 성장한 것이 사실이라면 거슬러 올라가면 최초 출현한 생명체와 연결되는데 하늘 부모님도 지상의 부모님들과 같은 방법으로 하늘 부모님의 사랑을 통하여 탄생된 후 성장하였으므로 지상의 생명체들은 하늘 부모님을 닮았다는 사실을 알 수 있을 것이다.

5 모든 생명체들은 태어나 성장한다

1) 지상의 생명체들은 부모 없는 생명체는 하나도 존재하지 않으며, 부모의 사랑을 통하지 않고서는 부모를 닮은 자녀를 번식할 수 없다. 따라서 지상에 존재하는 모든 동식물들은 예외 없이 모두 부모가 존재하며 잉태 이후 성장하여 부모의 형상을 닮는다.

2) 부모의 사랑에 의하여 잉태된 자녀들은 모두 잉태 당시에 결정된 형상으로 성장하는데, 일란성이나 이란성의 태아는 각각 조금씩 다르게 태어나므로 자녀의 형상이 어느 시기에 결정되었는지 과학이 발달하지 못한 원시시대에는 알 수가 없었지만, 과학이 발달한 현시대에는 상식적으로도 일란성 쌍둥이인 경우 모태에서 별개로 성장하여도 성체의 모습이 같을 수밖에 없다는 사실을 알 수 있을 것이다.

지상에 존재하는 수많은 종의 일란성 쌍둥이들이 모두 이와 같다면 100% 검증된 과학 이론이므로 부모로부터 잉태된 모든 생명체들은 잉태 이후에 성장하는 과정에서 성체의 형상이 결정된 것이 아니라, 잉태 시에 선천적으로 성체의 형상이 결정된 후에 성체의 형상으로 성장한 것임을 알 수 있다.

그렇다면 지상에 존재하는 모든 생명체들이 최초 생명체로부터 발생된 것이 실체적 사실이고, 과거뿐만 아니라 현재에 존재하는 모든 생명체들이 각각 잉태 시에 선천적으로 종과 형상이 결정되었고 후천적으로 각각 성장한 것이 실체적 사실이라면, 최초에 출현한 생명체 내에 지상의 수많은 종의 생명체들이 내포되어 있었고, 분화 과정을 거친 이후 각각 성장하였다는 사실을 유추할 수 있을 것이다.

3) 최초 미생물로부터 바닷물 속과 육지에서 각 종의 형상을 갖출 때까지의 약 수십억 년 기간 동안의 성장 과정이, 각 종마다 모태의 성장 과정과 닮아 있다.

인간의 성장 과정을 살펴본다면 모태에서 단세포의 수정란으로 잉태되었지만, 잉태 이후 바다의 염분 농도와 엇비슷한 양수 물속에서 처음에는 거머리와 같이 태반에 붙어 있다가, 양서류와 같이 꼬리가 발생하는 등 수많은 돌연변이 형태의 변이를 거치며 인간의 형상으로 성장한 후 태어나서 성체로 성장한다.

그렇다면 최초에 출현한 미생물 형태의 단세포의 생명체가 수많은 단계의 돌연변이를 거치며 현재 존재하는 수많은 종으로 진화한 것이 아니라, 최초 생명체 내에서 수많은 종과 형상이 선천적으로 결정된 이후 바다 물속에서 분화 과정과 수많은 돌연변이 형태의 성장 과정을 거치며 어느 정도 성장하여 종의 형상을 갖춘 후에 육지로 진출하여 성체로 성장한다는 사실을 알 수 있다.

잉태 시에 종과 형상이 결정된다는 의미는 곧 종과 형상이 후천적으로 결정된 것이 아니라 선천적으로 결정되었다는 것을 의미한다고 볼 수 있다.

그렇다면 지상에 존재하는 모든 생명체들이 잉태론의 논리대로 존재하게 되었다면 최초의 생명체도 부모로부터 잉태 시에 종과 형상이 결정된 후 각각 성체로 성장하였다는 성장론이 사실관계와 가장 부합한 이론임을 부인할 수 없을 것이다.

4) 과학자들이 모든 생명체의 유전자와 DNA, 염색체를 종합적으로 관찰한다면 최초 출현한 단순한 생명체가 자연 발생하여 수많은 종으로 진화한 것이 아니라, 최초 출현한 생명체 내에 수많은 종들이 처음부터 내재된 상태로 최초의 생명체가 출현하였다는 사실 그리고 분화 과정과 함께 수많은 종으로 성장하였다는 사실을 과학적으로 검증할 수 있을 것이다.

5) 최초에 출현한 미생물과 현존하는 성체의 미생물들은 형상이 비슷하거나 또는 미생물이라는 명칭만 같을 뿐 전혀 다른 생명체이므로, 현존하는 미생물들은 어떠한 경우에도 다양한 생명체들로 진화할 수 없지만, 최초에 출현한 미생물은 지상에 존재하는 다양한 생명체로 성장할 수 있었다.

즉, 성체가 된 지렁이는 지렁이밖에 번식할 수 없음에도 진화론자들은 지렁이가 진화하여 뱀과 같은 동물로 진화한다는 주장을 펴고 있는 것이다.

진화론과 성장론 중 어느 하나의 이론은 사이비 이론으로 볼 수 있다. 최초 생명체의 발생 원인을 밝히려는 과학자들이 이러한 내용을 잘 관찰한다면 진화론의 허구성을 밝힐 수 있을 것이다.

6) 지상의 모든 생명체들은 최초의 생명체로부터 각각 부모를 닮아

수많은 대를 이어 오면서 성체로 성장한 것이 실체적 사실이라면, 성장하여 부모를 닮은 성체가 되었다는 사실을 누구도 부인할 수 없을 것이다. 무신론자인 진화론자들은 지상의 생명체들이 자녀를 잉태하면 모태 내에서 짧은 시간 내에 성장이 완료되거나 같은 후손밖에 번식할 수 없다는 점이 뇌리 속에 각인되어 있어 분화 과정을 거치거나, 수많은 세대를 거치면서 서서히 성장하는 성장 과정을 객관적 관점에서 관찰하지 못하고, 수차례 대멸종이 반복되는 과정에서 멸종되지 않은 성체가 된 종으로부터 새로운 종으로 끊임없이 진화한 것으로 관찰할 수밖에 없었을 것이다.

진화론자들의 주장 중에서 그나마 다행스러운 것은 지상에 존재하는 수많은 종의 생명체들이 최초에 출현한 생명체로부터 발생하였다는 한 가지 사실만은 옳게 판단하고 있다고 본다.

그러나 진화론자들은 생명체들의 실체적 부모님이신 하나님의 존재를 부정하는 무신론자들이므로, 최초 생명체 내에는 하나님을 닮은 다양한 종의 생명체들이 선천적으로 내포되었다는 실체적 사실들을 알 수 없으므로 최초 생명체로부터 진화한 것이라고 주장하는 것이다.

이런 이유로 인하여 진화론자들은 물질이 진화한다는 관점에서 유기물 덩어리가 진화하여 복잡한 기능을 가진 최초의 생명체가 자연 발생하였다고 주장할 수밖에 없었고, 당대에 부모를 닮은 후손을 번식할 수 있는 신체구조로 진화하였다고 주장하고 있는 것이다.

진화론자들은 지상에 존재하는 모든 생명체들은 부모를 닮은 후손들만을 번식한다는 사실을 인정하면서도 후천적으로 끊임없이 부모와 다른 종으로 진화하여 수많은 종이 출현하였다고 주장하고 있다.

3차원 의식으로 살아가는 인간들은 영적 세계를 부정할 수밖에 없는 자들이므로, 최초에 출현한 생명체 내에 수많은 생명체 종들이 내포되었다는 사실은 상상할 수도 없었을 것이며, 최초 출현한 생명체가 성장 과정에서 수없이 많은 종으로 분화가 이뤄진 점, 수많은 세대를 거쳐서 서서히 성장하게 된 점을 인정할 수 없는 것이다.

6 동식물의 종의 의미

1) 종이라는 의미는 최초 출현한 공통종이 미생물 상태에서 수많은 종으로 분화가 이뤄지다 보면 더 이상 분화할 수 없는 상태가 되는데 종의 분화가 완료되어 최종적으로 결정된 상태를 의미한다.

최초 출현한 생명체 내에는 수많은 종이 내포되어 있다는 사실을 알 수 없는 것과 마찬가지로 인간의 수정란 내에는 인간 형상의 이목구비와 심혈관 기관과 영양분을 섭취할 수 있는 섭취기관이나 배설기관과 같은 각종 기능을 담당하는 수많은 장기들로 성장할 줄기세포들이 수정란에 내재되어 있는데도, 현미경 관찰을 통해서는 수정란 내에 인간을 형성할 수많은 장기들이 내포되어 있다는 사실 자체도 알수 없을 것이다.

2) 인간들은 부모의 사랑에 의하여 잉태된 단세포의 수정란이 어

머니 모태에서 약 10개월 동안 자란 후 인간의 형상으로 태어나게 되고, 태어난 후에 부모를 닮은 성체로 성장한다.

지상에서 존재하는 모든 생명체들도 마찬가지로 부모에 의하여 잉태와 동시에 형상이 결정되므로 많은 자식을 낳아도 여러 측면에서 모두 부모의 형상을 닮게 된다.

인간들이 후손을 번식하면 부모를 닮는 것과 마찬가지로 영적 세계에 계시는 하나님에 의하여 탄생된 최초의 생명체도 종의 분화가 이뤄진 후 각각 성장하였으므로, 지상의 동식물들은 하나님의 다각적인 형상을 닮았다는 사실을 알 수 있다.

3) 수차례 대형 운석이나 혜성이 지상에 떨어지게 되면 떨어질 때마다 급격한 환경 변화로 지상에서 살아가는 생명체들의 부분 멸종이나 대멸종이 반복되었다. 부분 멸종은 시간이 흐르면서 복원되지만 대멸종을 통하여 지상에서 성체로 살아가는 어느 종이 전멸하면 소금 결정체와 같은 광물질 속이나 북극 만년설과 같은 얼음덩어리 속에서 수억 년 또는 수천만 년 동안 성장이 정지된 상태로 생존해 있었던 생명체들이 되살아나 새로운 환경에서 다시 성장할 수 있는 것이다.

따라서 과거에 출현하지 못하거나 환경에 적응하지 못하여 도태된 생명체들도 새로운 환경에서는 출현하는 경우도 당연히 있을 것이다.

4) 각종 생명체의 생과 멸은 마치 나 자신이 배우자가 없이 지상에

혼자만 살아 있다면 영구적으로 나의 후손들이 지상에 존재하지 못하는 것과 같다.

마찬가지로 인간들이 환경을 악화시켜 어떠한 종이 지상에서 멸종되었다면 똑같은 종이 어디엔가 미생물 상태로 살아 있다가 성장하지 않은 이상 같은 종의 생명체는 지상에 영구적으로 존재할 수 없는 것이다.

5) 하늘 부모님에 의하여 탄생된 최초에 출현한 미생물 상태의 생명체들은 종의 분화 과정을 거친 이후 소나무 종은 미생물 상태에서 소나무로, 원숭이 종은 미생물 상태에서 원숭이로, 사자의 종은 미생물 상태에서 사자로 각각 성장하였고, 인간의 종도 분화가 완료된 미생물 상태에서 본래의 인간으로 성장하였기 때문에 성체가 된 양서류 또는 파충류와 고릴라 종들이 인간 종으로 종을 뛰어넘는 진화가 이뤄졌다는 진화론자들의 주장은 근본적으로 잘못되었다고 본다.

지상에 존재하는 생명체들은 각 종마다 혈액이 다르고 염색체와 형상도 각각 다르다.

또한, 교배를 통해서는 종이 변화되지 않는다는 의미는 곧 어느 종의 생명체가 일생을 살아가는 과정에서 어느 날 홀연히 부모와 다른 새로운 종으로 변화된다는 것을 의미할 것이다. 그렇다면 그러한 진화론자들의 주장들은 비개연적인 내용들이므로 최초의 생명체가 분화 과정을 거친 이후 미생물 상태에서 각각 다양한 종의 성체로 성장한 것으로 관찰하는 것이 옳다고 본다.

6) 한번 정착하면 돌아다닐 수도 없고 동물들처럼 첨예하게 싸울 수도 없는 식물들은 동물들의 수정란과 같은 씨앗 내에 종과 형상이 선천적으로 결정되어 부모를 닮은 본래의 종으로 성장한 것이므로, 식물들도 동물들과 마찬가지로 후천적 획득형질을 통해서 종의 변화가 없다는 사실을 알 수 있다.

또한, 각종 동식물들은 사막과 같이 척박하거나 열대와 한대 지역과 같은 열악한 환경에 맞게 진화가 이뤄지는 것이 아니라, 환경에 적응한 품종만 살아남는 형태가 매년 반복되면서 품종개량이 이뤄지므로, 열악한 지역에서도 환경에 적응한 개량된 다양한 종의 품종들만 혼재되어 살아갈 수 있었다.

진화론자들은 수많은 다양한 종의 동식물들이 열악한 환경에서도 각각 혼재되어 살아가고 있다는 것으로 기후와 환경은 종의 진화와는 관계가 없다는 사실을 알 수 있으면서도 세뇌되어 있는 상태이므로 기후와 환경에 맞게 새로운 종으로 진화하여 열악한 환경에서 살아가고 있다는 주장을 반복할 수밖에 없었다.

7) 지상에 존재하는 모든 생명체들은 과거부터 현재까지 환경에 적응하거나 생존경쟁 과정에서 살아남은 일부의 종만 살아가고 있다.

다만 지상에서 도태된 종이 지구의 어딘가에 미생물 상태로 살아 있고 성장하기에 알맞은 환경이 조성된다면 도태되었던 종이 다시 출현할 수 있었다.

진화론자들은 동식물들의 분화 및 성장 과정을 진화론 관점에서 단순하게 관찰하므로 수차례 대멸종을 거칠 때마다 멸종되지 않은 생명체들로부터 끊임없이 다른 종으로 진화한 것으로 관찰할 수밖에 없었다.

진화론자들도 창조론자들과 같이 자신이 믿는 가치관에 세뇌되어 있으므로, 멸종 이후 같은 종이 다시 출현한 여러 가지 사례를 보아 문제점이 있음에도 불구하고 진화론을 강변하고 있다.

7 모태의 성장기간은 형상을 갖추기 전까지의 성장기간

1) 어머니 모태에서 자녀가 잉태된 후 탄생되기 전까지의 성장기간은 하나님께서 생명체들을 잉태하신 후 단세포의 생명체로 탄생되어 각 종들의 기초적인 형상을 갖출 때까지의 성장 과정을 함축적으로 보여주고 있다.

2) 따라서 인간의 경우 어머니 모태에서 약 10개월 동안의 성장기간은 하나님에 의하여 탄생된 후 단세포의 생명체에서 인간의 형상으로 성장할 때까지 성장기간과 닮았으므로, 모태에서의 성장 과정을 관찰한다면 인간의 종이 결정된 이후 미생물 상태에서부터 성장하여 인간의 형상으로 변화될 때까지의 성장 과정을 알 수 있다.

또한, 모태에서 성장기간과 자연환경에서의 성장기간을 비교한다면 모태에서의 하루 동안의 성장기간은 자연환경에서는 몇십 년, 또는 몇백 년 동안 느리게 성장하였다고 관찰한다면 비교적 올바른 관찰일 것이다.

3) 하나님에 의하여 탄생된 생명체들은 부모님의 다양한 형상을 각각 닮았으므로, 야생화 한 포기도 모두 하나님의 형상을 닮았다.

인간들은 생명체들 중에서도 하나님과 가장 많이 닮았으므로, 인간과 지상의 모든 생명체들이 서로 닮았다는 사실을 알 것이다.

따라서 식물들도 의식이 있고 사랑이 있는 생명체들이므로 인간들이 사랑으로 대하면 기뻐하고 그 식물에 맞는 음악을 들려줘도 기뻐한다는 사실을 알아야 한다.

4) 모든 생명체들은 부모의 사랑에 의하여 어머니 모태 속에서 잉태된 후 일정 기간 성장기간을 거친 후 태어나 성장하여 부모의 형상을 닮은 성체가 되는 것처럼, 하나님으로부터 잉태된 후 지상에 태어난 생명체는 오랜 기간 동안 분화 과정을 거친 이후 열악한 환경을 극복하며 성체로 성장할 수 있었는데, 하나님을 닮은 지상의 모든 동식물들을 종합하여 관찰한다면 하나님의 총체적인 형상을 알 수 있을 것이다.

5) 그동안 발견된 6,000만 년 전 살았던 말들의 화석과 현재 살아가고 있는 말들과 비교하면, 크기의 차이와 발굽과 어금니가 조금 발달된 정도의 차이만 있는 것과 같이, 수십만 또는 수백만 년 전에 출현한 초기 인류는 인간의 형상을 갖췄을 뿐 왜소한 신체와 낮은 의식

으로 맹수들이나 다른 부족들과 생존경쟁을 하면서 명맥만 유지하며 살아갈 수밖에 없었다.

초기 인류는 열악한 환경에서 동물들과 같이 약육강식 의식으로 생존경쟁을 통해 살아갈 수밖에 없었으므로, 혈연 중심으로 겨우 목숨만 부지하며 살아갈 수밖에 없었고, 기아와 질병으로 생명의 주기가 짧아 과학의 발전은 기대할 수도 없었다.

8 생명체의 출현과 성장 과정

1) 생명체가 살아갈 수 있는 적당한 지구 환경이 조성되자 약 35억 년 전 최초의 생명체가 출현한 이후 종의 분화와 함께 성장하게 되었는데 태양계가 안정화되는 과정에서 지상에는 수십 차례 대형 운석이 떨어지거나 환경의 변화로 지구 전체가 뜨겁거나, 동토가 됨으로 인하여 지상에서 살아가는 생명체들이 성장과 대멸종이 반복됨에 따라, 약 5억 년 전까지는 성장이 진척되지 못하고 기초성장 단계를 반복할 수밖에 없었다.

최초 생명체가 탄생된 이후부터 2세를 대량으로 번식할 수 있었고, 바닷물에 의하여 지구 곳곳에 퍼졌으므로, 최초 생명체 출현 초기에는 지상의 모든 생명체들로 성장할 최초 생명체와 같은 생명체들이 지구 곳곳에 분포될 수 있었으며, 지상 곳곳에서 종의 분화와 함께 성장이 이뤄질 수 있었다.

따라서 오랜 기간에 걸쳐 지상 곳곳에서 종의 분화가 이뤄졌는데,

분화가 완료된 미생물들 중에서 육상에서 살아야 할 생명체들은 물속에서 기초성장을 마친 후 육지의 형성과 함께 동시다발적으로 육지에 진출하게 되었고, 해상에서 살아가야 할 생명체들은 해상에서 종 본연의 성체로 각각 성장하게 되었다.

2) 초기의 지구는 완전한 구형에 가까워 모두 바닷물로 덮여 있었지만 화산활동에 의하여 섬이 출현하거나 지각 활동에 의하여 육지의 출현과 함께 식물과 육상 동물이 생육할 수 있는 환경이 조성되면서 그동안 물속에서 기초성장을 마친 동식물들이나 곤충들도 동시다발적으로 육지에 진출하여 살아갈 수 있었다.

이러한 현상들은 양서류와 같이 어머니 모태의 태아가 양수의 물속에서 일정 기간 성장하다가 물 밖으로 나와 성체로 성장하는 이치와 같은 것이다.

3) 최초에 출현한 생명체는 열악한 환경에서 다양한 종으로 분화되어 각각 성장할 수 있었는데, 최근 약 5억 년 기간 동안에는 생명체들이 성장하기에 알맞은 환경이 조성되면서 기초성장을 마친 생명체들은 성체로 급성장할 수 있었다.

4) 육상에서 공기와 호흡하며 살아가도록 탄생된 생명체들은 육상에 생육환경이 조성됨으로써 그동안 모태의 양수와 같은 바닷물 속에서 기초성장을 마친 생명체들은 육상에 진출하여 성체로 성장할 수

있었고, 물속에서 살아가도록 탄생된 어류 또는 고래와 같은 포유동물들은 물속에서 성체로 성장하여 아가미로 호흡하거나 공기 호흡하며 살아갈 수 있었다.

9 인간과 동식물의 성장

1) 최초 생명체 출현 초기에는 환경이 열악하므로, 종의 분화와 함께 성체로 성장하기 위한 기초성장기간을 겪었다.

지상의 생명체들은 종의 분화 과정에 있는 생명체들 또는 종의 분화가 완료된 생명체들이 살아가는 과정에서 미생물 상태로 소금 결정체에 갇혀 생명이 정지된 상태가 되었고, 소금 결정체가 퇴적되어 지하 깊은 곳에서 오랜 기간 동안 생명이 정지된 상태로 살아 있다가 우여곡절 끝에 되살아나 지상에 출현할 수 있었는데, 여러 차례 이와 같은 방법으로 대멸종의 위기를 극복할 수 있었다.

또한, 진화한 것이 아니라 성장하였기 때문에 성장하기에 적합한 기후와 환경이 지속된 경우에는 생명이 정지된 상태의 생명체가 되살아나 수십 년, 또는 수백 년의 비교적 짧은 기간 동안에도 종 본연의 성체로 급성장할 수 있었다.

2) 진화론자들은 다양한 종들이 지구 곳곳의 다양한 환경에서 살아가는 생명체들을 관찰하면서 후천적 획득형질을 통하여 각각 다양한 종으로 진화하였다고 주장하고 있었는데, 만약 과학자들이 다른 기

후와 환경에서도 같은 종이 출현한 사례를 단 1건이라도 발견한다면, 진화이론이 잘못되었다는 것을 입증하는 사례가 될 것이다.

10 소금 결정체 속의 생명체들

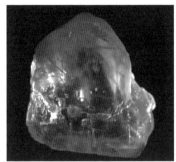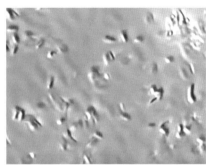

2억 5천만 년 전에 형성된 소금 결정체. 소금 결정체에 갇혀 생명이 정지되었던 생명체가 되살아남

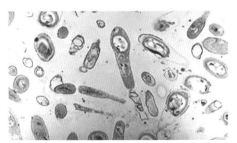

2억 5천만 년 전 소금 결정체에서 되살아난 다양한 종류 생명체들

미국의 뉴멕시코 주에서 핵폐기물을 매립하기 위하여 사막화된 염

호의 지하를 굴착하였는데, 지하 약 600m 지점의 약 2억 5천만 년 전 지층에서 위 사진과 같이 소금 결정체에 갇힌 염수에서 약 2억 5천만 년 전에 살았던 생명체가 생명이 정지된 상태로 보관되어 있다가 소금 결정체가 물에 녹으면서 다양한 종류의 생명체들이 되살아난 생명체들이다.

지상에서는 대멸종이 수차례 이뤄졌지만 다양한 생명체들이 위와 같은 방법으로 소금 결정체 속에서 반영구적으로 생명이 정지된 상태로 살아 있다가 되살아나 미생물 상태에서부터 다양한 종의 생명체들이 다시 성장하여 출현할 수 있었다.

11 탄생 이후 생명체들의 성장

1) 최초 탄생된 미생물이 열악한 환경에서 수십억 년의 수많은 세대를 거치면서 종의 분화가 이루어졌고, 분화가 끝난 이후 성장하기에 알맞은 환경이 조성되면서 지상에서 살아가는 생명체들은 급성장하였다고 앞에서 밝혔는데, 영적 세계를 근본적으로 부정하는 진화론자들은 각 생명체들이 태어나 성장하여 성체가 된 결과물만 보아왔으므로, 각각의 종으로 분화되어 수백만 년 또는 수많은 세대를 거치면서 서서히 성체로 성장하는 과정은 상상할 수도 없었다. 창조론자들이 현존하는 생명체들을 원인 관점에서 관찰하며 창조론으로 귀결시켜 왔듯이, 진화론자들도 현존하는 생명체들을 결과 관점에서 관찰하며 진화론으로 귀결시킬 수밖에 없었다.

2) 지상에 존재하는 모든 생명체들은 최초 출현한 생명체로부터 현재까지 대가 끊이지 않고 이어져 온 것이 실체적 사실이고, 부모에 의하여 태어난 2세의 종과 형상이 선천적으로 결정되었을 뿐만 아니라 모두 부모를 닮은 모습으로 태어난 후 성장하였다면 최초 출현한 생명체도 부모의 다양한 형상이 선천적으로 내포되어 있는 상태로 태어난 후 성장한 사실을 유추하여 알 수 있고, 종의 분화는 여러 측면에서 부모를 닮은 모습으로 성장하는 과정에서 나타나는 현상임도 알 수 있다.

3) 다양한 생명체들이 존재하게 된 원인에 대한 진화론자들의 주장은 물고기가 다양한 양서류로 진화하였고, 양서류가 다양한 파충류로 진화하였으며, 파충류가 다양한 조류와 포유류로, 포유류에서 다양한 유인원으로, 유인원에서 인간으로 진화하였다고 주장하는데, 실체적 내용은 성장론과 같이 분화 과정을 마친 개구리 종은 미생물 상태에서 개구리로 성장하였고, 분화 과정을 마친 악어 종은 미생물 상태에서 악어로 성장하였으며, 분화 과정을 마친 인간 종은 미생물 상태에서 인간으로 각각 성장한 것이다.

최초 생명체가 출현한 이후에 미생물 상태에서 종의 분화가 먼저 이뤄진 후 각각 성체로 성장하였는데도, 진화론자들은 멸종되지 않은 종으로부터 또 다른 새로운 종으로 진화하였고, 이러한 수많은 단계의 진화를 통하여 지상에는 수많은 종들이 형성되었다고 관찰하고 있으므로, 생명체들은 끊임없이 부모와 다른 종으로 진화가 이뤄졌다는 주장을 펼 수밖에 없다.

12 인간과 동식물들은 혈연관계

1) 인간과 모든 생명체들은 하나님에 의하여 탄생되었으므로 당연히 하나님과 혈연관계이며 인간과 모든 생명체들과도 모두 혈연적인 관계라 볼 수 있다.

지금까지는 인간들이 동식물들과 혈연관계임을 몰랐었기 때문에 침략적 관점에서 동물들을 잡아먹을 대상으로 관찰하고 있지만, 동식물들과 혈연관계라는 사실을 알았다면 동식물들을 사랑의 관점에서 관리하고 기쁨의 대상으로 삼았을 가능성이 크다고 생각한다.

2) 동식물들을 보고 기쁨을 느끼는 것은 자기를 많이 닮은 자녀일수록 더욱 아름답게 느끼는 것과 같은 원리이다.

자연과 동식물들을 들여다보면 참으로 아름다운 하늘 부모님의 참사랑의 세계를 깊게 느낄 수 있을 것이다.

13 성장을 위한 환경적응

지상에서 살아가는 모든 생명체들은 생존경쟁과 환경의 적응을 통하여 자율적으로 성장하였으므로, 열악한 기후와 약육강식의 환경에서 적응하지 못하거나 생존경쟁에서 밀린 종들은 그 지역에서 도태되고, 환경에 적응한 일부 종들만 생존할 수 있었다.

14 불신자들을 설득하는 방법

1) 진화론자들이 진화론을 배척하는 자들을 설득하는 방법은 교배를 통하여 종이 진화한다는 비과학적 이론이 먹히는 자들에게는 후손을 번식하는 과정에서 돌연변이 형태로 종의 진화가 이뤄진다고 둘러대고, 교배를 통한 진화의 주장이 먹히지 않는 자들에게는 어느 한 쌍의 침팬지가 교배가 불가능한 다른 지역으로 격리되어 종이 진화되었다는 격리설을 펴는 등 진화론자들이 수많은 비과학적 진화 가설들을 만들어 놓고 진화론을 비판하는 불신자들의 구미에 맞는 진화이론을 제시하며 진화론이 옳다고 강변하였다.

이와 같은 행위는 마치 흙이나 말씀과 같은 여러 가지 창조 가설을 만들어 놓고 우주와 생명체 출현이 6천 년밖에 안 되었다는 등 창조론을 비판하는 불신자들의 구미에 맞게 창조론을 창조과학으로 포장하면서 창조론을 강변하는 행위와 같다고 본다.

창조론을 주장하는 과학자들이 창조과학을 표방하려면 신이 우주와 생명체들을 어떻게 설계하였는지, 설계한 내용을 반영하여 어떻게 우주와 생명체들을 만들었는지, 또는 어떻게 생명이 부여되었는지를 육하원칙에 의하여 설명해야 할 것인데, 과학자들에게서 귀동냥하여 지적인 신이 DNA와 같이 정교하게 설계하지 않고서는 우주와 생명체들이 존재할 수 없다는 일방적인 주장만을 되풀이하고, 어떻게 만들었느냐에 대해서도 이를 구체적으로 증명하지 못하고 흙으로 창조하였다거나 말씀으로 창조하였다고 얼버무릴 수밖에 없었다.

2) 과거 유럽에서 살아가던 서양 침략자들이 침략의식을 바탕으로 흑인들을 침팬지와 엇비슷한 동물로 인식하고, 마치 인간들이 야생 늑대 새끼들을 길들여 주인으로 행세하듯이 흑인 노예들을 길들여 주인행세 하였던 서양인들이 침팬지에서 인간으로 진화한 것을 전제로 격리 관점의 진화이론을 만들었다. 그렇다면 흑인과 침팬지가 과거부터 현재까지 아프리카에서 함께 살아온 사실을 밝혀낸다면 어떤 침팬지가 무리에서 이탈하여 인간의 종으로 진화하였다는 서양인들의 격리설 관점의 진화이론은 논리적으로도 맞지 않는다는 점을 이해할 수 있을 것이다.

15 동식물들이 열악한 환경에서 살아가는 방법

1) 다양한 동식물종들이 환경에 적응하는 과정을 관찰하면, 식물들도 생존경쟁하지 않는 것은 아니지만 한번 정착하면 동물들과 같이 돌아다닐 수도 없고, 동물들이 식물들의 잎이나 줄기를 뜯어 먹어도 대부분 되살아나므로, 식물들은 동물과 같이 첨예하게 대립하며 생존경쟁하는 것과는 거리가 멀다고 본다.

동물들의 수정란이 성장하면 부모의 형상을 닮듯이, 식물들도 마찬가지의 원리로 씨앗이 성장하면 부모의 형상을 닮는데, 식물들도 기후와 생육환경에 맞게 후천적으로 진화하여 복잡한 구조의 고등 종의 식물로 진화한 것이 아니라, 각 대를 이어 선천적으로 종이 결정되어 있는 씨앗으로부터 종 본연의 모습으로 각각 성장한다는 사실을 알 수 있다.

동물들도 마찬가지이므로 단순한 종에서 고등 종으로 진화하는 것이 아니라 이미 종과 형상이 결정된 후에 세대를 달리하며 각각 성장한다는 사실도 알 수 있다.

또한, 사막과 같이 척박하거나 열대와 한대와 같은 생육환경에 적합하지 않은 종이나 품종들은 그 지역에서 도태되고 기후와 환경에 강한 종이나 품종들만 살아남는 과정이 매년 반복됨에 따라 그 지역의 환경에 살아가기에 알맞은 품종으로 개량되어 열악한 지역에서도 다양한 종과 품종들이 함께 살아갈 수 있었다.

즉 선인장과 같은 다육 식물들은 사막과 같은 척박한 환경이 생육에 적합하므로, 척박한 환경에서 잘 적응하며 살아갈 뿐인데, 진화론자들은 사막 지역과 같이 강수량이 적은 척박한 환경에서 선인장 종으로 진화하여 살아가고 있다고 주장하는 형태인데 이는 잘못된 관찰과 주장일 뿐이다.

식물들은 기후와 환경이 변화된다면 환경에 적합한 품종들만 척박한 지역에서 살아남고 생육환경에 적합하지 않은 품종들은 도태될 수밖에 없다. 식물들이 그렇다면 같은 뿌리에서 발생한 동물들도 마찬가지일 것이다.

2) 대체로 온대 지방에서 살아가기에 적합한 동식물들이 간혹 열대 지방이나 한대 지방에서 살아가기도 한다.

이러한 현상은 열악한 기후와 환경에서 종이 변화되는 진화가 이뤄지는 것이 아니라 자연환경 자체가 품종개량 역할을 하므로 덥거나 추운 열대와 한대 지방의 기후와 환경에서 살아가는 생명체들은 그 지역에서 살아가기에 적합한 품종만 살아남고 열악한 환경에 적응하지 못한 품종들은 서서히 도태되는 형태로 품종개량이 이루어졌다.

각 지역에서 어떠한 종들이 열악한 기후와 환경에서 매년 강한 품종만 살아남는 현상이 반복적으로 이루어지다 보면, 온대지방에서 살아가기에 적합한 종의 동식물들도 열대와 한대지방에서 개량된 품종들로 변화하여 열악한 환경에서도 살아갈 수 있는 것이다.

예를 들면 곰은 다른 동물들보다 상대적으로 기온에 강한 동물이지만 자연환경에 의하여 추위에 강하게 품종 개량된 북극곰은 북극의 혹한에서도 잘 적응하여 살아갈 수 있지만, 열대지방에서 더위에 강하게 품종 개량된 인도네시아에 서식하는 곰을 북극에서 살게 한다면 겨울의 혹한을 견딜 수 없어 바로 도태될 수밖에 없을 것이다.

따라서 추위와 더위 또는 환경에 적응한다는 의미는 후천적 획득형질을 얻고 살아간다는 것을 의미하므로, 기후와 환경에 알맞은 품종만 살아남는 형태로 자연 자체가 품종개량의 역할을 하기 때문에 기후와 환경과 종의 진화와는 관련이 없고 열악한 기후와 환경에서도 다양한 종들이 지상 곳곳에서 함께 공존하며 살아가는 것이다.

3) 위와 같은 현상을 통하여 동식물들이 기후와 환경의 변화와 같은 후천적 획득형질에 의해서는 다른 종으로 진화하지 않는다는 사실을 알 수 있으면서도 진화론자들은 기후와 환경에 적응하거나 도태되는 지엽적인 현상만을 현미경 관찰하며 기후와 환경의 변화에 의하여 다른 종의 동식물로 끊임없이 진화한다면서 진화론을 강변하고 있는 것이다.

16 멸종된 생명체의 출현

1) 현재 지상에 존재하는 동식물들은 분화가 완료된 후 미생물 상태에서 성장하여 출현한 동식물들이지만, 현시대에도 지하에서 수억 년 전이나 수천만 년 전에 분화 과정 단계에 있었던 미생물이나, 또는 분화가 완료된 상태의 미생물이 생명이 정지된 상태로 소금 결정체와 같은 곳에 보관되어 있다가 뒤늦게 되살아나는 경우도 있었는데, 종의 분화가 완료되지 않은 경우에는 최종 종으로 분화가 완료될 때까지 종의 분화가 이뤄진 후 성장할 것이고, 종의 분화를 완료한 경우에는 바로 성체로 성장할 수 있는 것이다.

2) 약 22억 년 전과 약 6~7억 년 전에 각각 수천만 년 동안 지구 전체가 결빙 상태가 된 적이 있었고, 약 2억 5천만 년 전에 급격한 환경의 변화로 지상에서 활동하며 살았던 생명체들은 모두 전멸하였는데, 지하에서 생명이 정지된 상태로 살아 있었던 생명체들이 다시 성

장하여 공룡과 같은 생명체들이 지상에 출현할 수 있었다.

또한, 화석 속에서나 볼 수 있었던 생명체가 지상에서 종적을 감추었다가 다시 출현한 경우도 있었는데, 이런 원인은 지상에서 멸종되지 않고 성체로 살아 있다가 다시 출현한 것이 아니라 지상에서는 멸종되었으나 환경의 변화로 생명체들이 살아가기 좋은 생육환경이 조성될 경우 그동안 얼음 속에 생명이 정지된 상태로 냉동되어 있었던 생명체가 해동되면서 되살아나거나, 땅속 깊은 곳의 소금 결정체 속에 수억 년 또는 수천만 년 동안 생명이 정지된 상태로 보관되어 있다가 되살아나 미생물 상태에서부터 다시 성장하는 것이다.

3) 이러한 사실들을 종합하여 관찰한다면 환경의 변화로 지상의 생명체들이 멸종되었다 하더라도 오랜 기간 동안 소금 결정체에 갇혀 생명이 정지된 상태로 살아 있다가 되살아나 미생물 상태에서 다시 성장하여 수많은 종의 생명체로 성장하였다는 성장론이, 지상의 혹독한 환경에서 멸종되지 않고 살아남은 종에서 새로운 종으로 끊임없이 진화하였다는 진화론보다 과학적인 주장이고 실현 가능한 주장이라면 진화론이 사이비 이론임을 유추할 수 있을 것이다.

성장론이 옳다면 공룡들이 출현한 중생대에도 단순한 형태의 어류와 파충류만 살았던 것이 아니라 현존하는 다양한 포유류들도 당시에 출현하여 함께 살았을 것이므로, 공룡들이 살았던 시기에 포유류 화석의 발견은 곧 죽지 않고 살아남은 파충류에서 포유류로 진화하였다는 진화론자들의 주장이 허구의 주장임을 알 수 있을 것이며, 그러한 사례는 성장론을 통해 입증되고 있는 것이다.

4) 따라서 과거에 화석에서나 볼 수 있었던 생명체들 중 기후와 환경의 변화로 수억 년 전에 종적을 감추었던 투구게와 같은 종이 최근에 출현하였는데, 다른 환경에서 각각 다르게 진화하였어도 같은 종이 출현할 수 있다는 이론은 진화론의 이론과는 비개연적이므로 다른 환경에서 같은 종이 발생한 사례가 밝혀질 경우 진화론이 사이비 가치관임을 입증하는 사례가 될 것이다.

17 고생대와 신생대 생명체와의 관계

1) 각 동식물들이 기후환경, 성장 속도, 또는 생존경쟁 등 여러 가지 요인으로 종의 출현이 각각 다를 수 있겠지만, 최근 5억 년 또는 수천만 년 동안 동식물들이 살아가기에 알맞은 생육 환경이 조성되어 그동안 소금 결정체 속에서 미생물 상태에서 수억 년 또는 수십억 년 동안 지하 깊숙한 곳에서 생명이 정지된 상태로 살아 있다가 지각 변동이나 수맥을 통하여 지상으로 흘러나와 되살아날 수 있었고 성장하기에 알맞은 환경에서는 빠른 속도로 성장할 수 있었다.

2) 지상에는 여러 차례 혜성이나 운석이 지상에 떨어졌는데 소형 운석이 떨어질 경우 부분 멸종이 이뤄지게 되고 시간이 흐르면서 복원되지만, 지름이 10km 이상 되는 대형 혜성이나 운석이 떨어질 경

우에는 지각판이 뚫려 지상에 용암이 대량으로 분출되어 지상의 온도가 수백 도로 상승하게 되며, 지상에서 살아가는 대부분의 생명체들이 멸종하게 된다.

이렇게 크고 작은 운석이 지상에 떨어지거나 환경의 변화로 지상에서 살아가는 생명체들은 대멸종과 부분 멸종이 반복되었고, 대형 운석이 떨어져 지상에서 살아가는 생명체들이 전멸하였더라도 다행히 열이 전달되지 않은 지하 깊은 곳의 소금 결정체 속에서 성장이 정지된 상태로 살아남을 수 있었고, 뜨겁거나 빙하로 덮여 차가웠던 지구가 안정화되어 다시 생명체가 살 수 있는 환경이 조성되면서 되살아나 성장할 수 있었는데 각종 생명체들이 멸종 위기를 이러한 방법으로 극복할 수 있었다.

약 5억 년 전에는 생육하기에 알맞은 환경이 조성됨에 따라 수많은 종의 생명체들이 출현하여 급성장하였으나 약 2억 5,000만 년 전 대규모의 화산 폭발로 이산화탄소와 메탄가스 양이 증가하여 지상의 온도가 급상승하여 지상에서 살아가는 생명체들이 전멸되는 대멸종이 있었고, 약 2억 5,000만 년 이후 출현한 공룡들과 포유류들이 출현하여 공존하며 함께 살았는데 약 6,500만 년 전에 또다시 멕시코 유카탄 반도에 대형 운석이 떨어져 지상에서 활동하며 살았던 수많은 종의 생명체들이 대부분 멸종하게 되었다.

대멸종 이전에 존재했던 어느 종이 멸종된 이후에 다시 지상에 출현하였다면, 다른 환경에서 진화하여도 같은 종으로 진화할 수 있다는 주장과 같으므로 진화이론과는 비개연적인 논리이지만 성장론과는 일맥상통한다.

부분 멸종과 대멸종 없이 알맞은 생육환경이 오랫동안 지속되었더라면 이미 수억 년 또는 수천만 년 전에 인류가 출현하여 상상할 수도 없는 엄청난 발전을 이루었을 것이다.

3) 과거의 지구는 안정화되지 못하여 뜨겁거나 동토가 되는 등 열악한 환경과 함께, 우주와 태양계 주위를 떠돌던 크고 작은 혜성들이 지구와 충돌하여, 그 충돌 규모에 따라 대멸종과 부분 멸종이 반복적으로 일어날 수밖에 없었다.

4) 고생 인류가 지상에 출현하여 수천만 년 전에 상당한 문명을 이루었다 하더라도 운석이 충돌하거나 빙하기와 같은 기후환경의 변화로 인류가 멸종될 수도 있으므로, 알 수 없는 문명의 흔적이 화석의 형태로 존재한다면 외계인들의 흔적이 아니라 고생 인류의 발자취임을 알아야 한다.

고생인류와 현생인류는 같은 종의 인류이며 고생 인류가 멸종한 이후 현생 인류가 출현하였다면 분화가 완료된 인간 종이 미생물 상태에서부터 다시 성장하여 현생 인류로 출현한 것임을 알아야 한다.

18 생명체가 살아남은 이유
1) 지상에 존재했던 생명체가 전멸하더라도 소금 결정체 내에서 생

명이 정지된 상태로 수백만 년 또는 수십억 년 동안 보존되어 있다
가, 환경의 변화로 물에 녹으면서 되살아나 지상에 출현한 후 미생물
상태에서부터 다시 성장하였다고 앞에서 밝힌 바 있다.

또한, 지구 내부 맨틀의 대류로 인하여 지각판이 움직이며, 지속적
으로 화산 활동이 이뤄지므로 지구 전체가 빙하로 덮여 있었더라도
지각판 경계선 부근의 온천에서 원시 생명체 상태로 살아 있다가 다
시 성장하였거나, 소금 결정체에 생명이 정지된 상태로 장기간 보관
되어 있다가 출현한 것이며 지상에 존재하는 모든 동식물들이 이러한
과정을 거쳐 어렵게 출현한 생명체들이므로 지상에 존재하는 생명체
들은 얼마나 소중한 생명체들인가를 알아야 한다.

2) 고생대(편의상 고생대, 중생대, 신생대, 현생대로 분류)에 살았던 공
룡들은 그 당시의 환경의 급격한 변화로 몇 차례 대멸종이 반복되었
는데, 성장론이 옳다면 공룡들이 살았던 시기에도 공룡뿐만 아니라
다양한 포유류 종들도 함께 살았을 것이다.

19 성장 과정의 인간 모습
1) 생명체들이 진화한 것이 아니라 성장하였으므로 고고학자들이
원숭이에서 인간 사이의 화석을 아무리 찾아봐도 진화 과정의 화석은
발견할 수 없었다.

다만 진화론자들은 인간의 형상과 유사한 침팬지나 오랑우탄과 같

은 인간 유골과 유사한 다양한 종의 동물들의 화석을 나열해 놓고 진화 과정에 있는 원시 인간들의 유골이라고 설명할 뿐이다.

즉, 원숭이는 원숭이 유골의 화석이 되었고, 인간은 인간 유골의 화석이 되었는데도 다양한 형상의 유골들을 나열해 놓고 진화론 관점에서 설명하고 있는 것이다.

그렇다면 인간은 분화가 완료된 이후 미생물 상태에서부터 인간으로 성장하였기 때문에 인간 형상을 갖춘 이후에는 아프리카 밀림 지역이나 열대지방에서 사는 원시 부족들과 수백만 년 전 인간들의 모습을 비교하면 큰 차이가 없다고 봐도 무방할 것이다.

2) 진화론자들은 침팬지 종에서 인간의 종으로 진화하였다는 관점이므로 인간과 비슷한 형태의 화석을 발굴하여 두개골 크기를 비교하며 진화 여부를 논하거나, 인류의 조상 여부에 대하여 논쟁하는데 수많은 종으로 분화가 이뤄진 후 미생물 상태에서 본래 형상의 성체로 성장하였으므로, 각종 동물들의 성장 초기로 거슬러 올라갈수록 서로 엇비슷한 종으로 보일 수 있어도 이들은 각각 다른 종들이다.

이러한 사실을 알지 못하는 진화론자들은 종의 변이를 통하여 끊임없이 다른 종으로 진화하였고 최종적으로 인간으로 진화한 것으로 관찰할 수밖에 없었으므로 인간과 엇비슷한 유인원들의 화석을 나열해 놓고 두개골의 용량을 관찰하며 진화 과정의 인간 유골이라고 해석하는 것이므로 근본적으로 잘못된 관찰이라고 본다.

3) 분화가 완료된 인간 종은 미생물 상태에서부터 인간으로 성장하였고 분화가 완료된 침팬지 종은 미생물 상태에서 침팬지로 각각 성장하였으므로, 혈액이나 염색체 수가 각각 다른 침팬지 종에서 인간의 종으로 종을 뛰어넘는 진화는 발생할 수 없다.

진화론자들은 이러한 현상을 정확하게 관찰하지 못하고 천태만상의 동식물들의 화석을 나열해 놓고 진화론 관점에서 관찰하여 침팬지와 인간을 같은 유인원이라며 침팬지에서 인간으로 진화했다고 주장할 수밖에 없었는데 근본적으로 잘못된 관찰인 것이다.

같은 원리로 침팬지의 태아와 인간의 태아를 육안으로만 관찰한다면 형태적으로는 분별할 수 없을 정도로 비슷하다고 하여 태아의 부모를 확인하거나 태아의 유전자를 조사하지 않고, 침팬지 태아를 인간의 태아라고 주장하는 과학자들이 있다면 이들을 모두 사이비 과학자들이라고 단정적으로 말할 수밖에 없다.

20 주요 인종은 각각 별개의 지역에서 출현하였다

1) 진화론자들은 인류의 출현에 대하여 아프리카에서 살았던 침팬지가 천재지변이나 지각 변동으로 기존 무리로부터 격리된 후 후천적인 형질을 습득하여 직립 보행과 함께 종의 변화를 일으켜 호모사피엔스라는 인간의 종이 출현하였고, 세계 각 지역으로 이동한 후 토착하여 살아가는 과정에서 흑인종, 백인종, 황인종으로 진화하여 피부색과 체형이 변화되었다고 주장하고 있지만, 그러한 주장은 진화론

자들의 시나리오에 불과한 것이다.

 2) 《천천경전》에서 밝힌 내용과 같이 주요 인종의 골격이나 피부색, 또는 인종의 특성은 확인 가능한 수백 대(代), 수천 년의 기간 동안 혼혈되지 않은 이상, 주요 인종의 특징이 변하지 않은 것만 보아도 주요 인종의 특징은 최소한 수십만 년에 걸쳐서 형성된 것임을 알 수 있다.

 그렇다면 진화론을 주장하는 과학자들과 같이 연구실에서 불과 몇 년 동안 연구하여 도출된 결과물을 가지고 주장하는 진화론보다, 최소한 수천 년의 기간 동안 흑인, 백인, 황인 특유의 변화 추이를 관찰하여 도출된 결과물을 가지고 주장하는 성장론을 보다 더 합리적으로 보는 것이 타당할 것이다.

 진화론자들은 인간들이 별개의 지역에서 각각 출현하였다는 사실은 상상할 수도 없어 그동안 아프리카에서 침팬지로부터 진화한 호모사피엔스라는 인간이 출현하여 세계 각 지역에 흩어져 살아가게 되면서 각 지역에서 흑인, 백인, 황인으로 진화하였다고 주장하고 있었는데, 아프리카에서 출현한 호모사피엔스라는 흑인 품종의 인간만을 관찰하며 아프리카에서 인류가 출현하여 지상 곳곳으로 이동하는 과정을 진화론이라는 색안경을 쓰고 관찰하고 있었기 때문에 실체적 관계를 알기 어렵다.

 성장론 관점은 인류가 아프리카에서만 출현한 것이 아니라 흑인, 백인, 황인이라는 인간 품종들이 아프리카와 유럽과 아시아에서 각각 별개로 성장하여 출현하였고, 그 이후 각각의 인간 품종들이 세계 곳곳으로 이동하는 과정에서 혼혈되어 지역적으로 다양한 민족이 형성되었다는 관점이다.

인간들이 아프리카와 유럽, 아시아에서 각각 별개로 출현한 것이 사실로 밝혀질 경우 창조론과 진화론은 즉각 사이비 이론이 될 것이다.

3) 종과 품종의 개념을 헷갈리지 않으려면 명확하게 구분하여 관찰하여야 하는데, 예를 들면 흑인종, 백인종, 황인종이라며 종이라는 의미를 부여하여 부르는 것 자체도 각각의 종으로 봐야 하는지, 인간종의 각 품종으로 봐야 하는지의 개념이 정확하게 정립되지 않은 진화론자들의 의식구조로서는 종과 품종의 개념을 두루뭉술하게 인식할 수밖에 없었고, 품종을 종으로 부르는 행위를 통하여 성장론을 진화론으로 왜곡시키는 우를 범하고 있었다.

형태적으로 다른 종으로 보이더라도 교배를 통하여 후손의 번식이 가능하다면 같은 종을 의미할 것이고, 같은 종으로 보이더라도 교배를 통하여 후손의 번식이 불가능하다면 다른 종으로 봐야 할 것이다.

흑인, 백인, 황인들끼리는 후손의 번식이 가능하므로 인간 종의 각 품종들로 보아야 하므로 흑인, 백인, 황인으로 부르든가 흑인 품종, 백인 품종, 황인 품종으로 불러야 옳다고 본다.

그렇다면 인간과 침팬지는 교배를 통하여 후손의 번식이 불가능하므로 정확하게 종을 구분하여야 하는데, 인간과 비슷한 부류라는 의미인 유인원이라고 부르는 자체가 침팬지가 인간으로 진화하였다고 은연중에 세뇌하는 효과가 있어 진화론자들에게 환경에 따라 종이 변화된다는 주장의 빌미만 제공하고 있는 것이다.

4) 하이델베르크인이나 네안데르탈인도 유럽 지역에서 성장하였던 백인 품종의 현생인류이고, 아프리카에서 살았던 루시도 흑인 품종의 현생인류이며, 아시아에서 살았던 북경인도 황인 품종의 현생 인류들이다.

성장 과정에 있었던 과거 원시 인간들은 의식 수준도 낮았고, 씨족을 중심으로 뭉쳐 살아갈 수밖에 없었고, 과거에는 교통수단이 없었으므로 주거의 이동이 극히 제한적이었다.

5) 과거 몇 만 년 이전까지만 해도 지상에는 각종 맹수들이 산과 들에 광범위하게 서식하고 있었고, 맹수와 비교하면 열세한 체력의 원시 인간들은 전쟁과 같은 급박한 상황이 아니라면 가족이나 씨족을 떠나는 것은 곧 죽음을 의미하므로 주거의 이동은 상상할 수 없었다.

또한, 초기 인류는 동물들과 같이 생존경쟁하며 살아갈 수밖에 없었고, 영양부족이나 질병으로 인하여 생명의 주기가 짧았으며, 수만 년 이전에는 각 지역에서 살았던 흑인, 백인, 황인들은 서로 활발하게 교류하지 못하고 각각 태어난 지역에서 혈연 중심으로 뭉쳐 살아갈 수밖에 없었으므로 과거로 거슬러 올라갈수록 지역적으로 흑인, 백인, 황인들의 특성이 잘 반영되어 있다.

21 민족의 형성 과정

1) 흑인 백인 황인 품종의 각 인간들이 의식의 향상과 함께 생존경쟁하며 투쟁하는 급박한 상황에서 적들을 피하거나 기아를 극복하기 위하여 오랜 기간에 걸쳐서 서서히 지구 곳곳으로 이동하며 살아가게 되었고 각 품종들이 각 지역의 지역민들과 혼혈되어 다양한 민족이 형성되었다.

2) 인간들의 의식이 향상됨으로 말과 낙타와 같은 동물들을 길들여 장거리 이동이 용이하게 되어 최근 2~3만 년 기간 동안에 각 인종들의 이동이 활발하게 이루어짐에 따라 외부인들과 혼혈되어 체형이나 피부색이 다양한 인종이 형성되었는데, 이는 마치 삼원색을 섞어 여러 색상을 만들어 내는 원리와 같다. 각 인종들은 대부분 외부와 고립되어 살아가지만, 내부적으로는 혈통의 교류가 보다 활발하게 이뤄지기 때문에 지역적으로 체형이나 피부색이 조금씩 다른 다양한 민족이 형성될 수 있었다.

22 각 인종의 성장

1) 흑인, 백인, 황인이 아프리카와 유럽과 아시아에서 각각 별도로 성장하는 과정에서 다른 인종이 유입되어 오랜 기간에 걸쳐 혼혈되었으므로, 지상에서 살아가는 흑인, 백인, 황인의 어느 민족, 어느 누구를 조사하여도 다른 인종들과 조금씩이라도 혼혈되어 있는 것이다.

2) 따라서 백인 어느 누구라도 직계 조상 중에는 흑인이나 황인이 끼어 있고 다른 품종의 인간들도 마찬가지여서 다른 혈통의 직계 조상이 없었다면 현재의 나는 존재할 수 없으므로 다른 인종을 비방하는 행위는 곧 자기 조상을 비방하는 행위이고 결국 우리의 하늘 부모님을 비방하는 행위라고 본다.

우리 인류는 하나님으로부터 태어나 각각 별도로 성장하는 과정에서 혼혈되어 있는 다른 인종이라 하더라도 모두 하나님의 자녀들이다.

3) 민족 간의 우위는 절대로 없다고 본다. 다만 하나님에 대한 효심이 가득하고 참사랑을 많이 소유한 심성이 좋은 민족이 있다면 하나님과 참사랑으로 하나 되어 하나님의 품속인 천국에서 함께 살아갈 수 있겠지만, 욕심의 의식으로 살아가는 인간들은 권모술수의 사이비 하나님을 믿으며 지옥의 환경에서 마귀들에게 구속되어 살아갈 수밖에 없으므로, 지상에서 살아가는 모든 인간들은 참사랑의 심성을 적극적으로 개발하며 아름다운 하늘 문화를 만들며 하늘 부모님을 모시고 천국의 환경을 만들어 함께 살아가야 할 것이다.

23 원시 인간들의 생명의 주기

과거로 거슬러 올라갈수록 인간들의 생명의 주기가 짧다. 그것은 각종 분쟁과 맹수들과 생존경쟁하며 살아가는 과정에서 수많은 인간들이 죽을 수밖에 없었고, 위생관념이 희박하고 홍역과 같은 질병에 노출되어 무방비 상태로 살아왔기 때문이다.

또한, 농, 축산업이 발달하지 못하여 기아 형태로 피폐한 생활을 할 수밖에 없었으므로 과거 원시 인간들은 대체로 현대인들보다 수명이 짧을 수밖에 없었다.

24 진화론과 성장론 비교표

검증된 과학(◎), 검증된 비과학(◉) / 과학적(○), 비과학적(×) / 합리적(△), 비합리적(▲)

구분	내용	진화론		성장론		비고
1	지상의 생명체들의 발생 원인은?	최초 출현한 미생물로부터 발생하여 다양한 생명체들이 존재하게 되었다.	○	최초 출현한 미생물로부터 발생하여 다양한 생명체들이 존재하게 되었다.	○	양자 간 이견이 없다.
2	최초 출현한 생명체의 출현?	자연 발생하였다.	▲	하나님에 의하여 탄생되었다.	△	검증해야 할 사안이다.
3	다양한 종의 발생	자연선택에 의하여 각각 부모와 다르게 진화하여 다양한 종이 형성되었다.	▲	다양한 부모의 모습을 닮은 다양한 종으로 각각 성장하여 다양한 종이 형성되었다.	△	검증해야 할 사안이다.
4	생명체들의 종과 형상의 결정 시기	자연선택을 통하여 끊임없이 종이 변화되므로 결정된 종과 형상은 없다.	◉	지상의 모든 생명체들은 부모로부터 잉태 시에 종과 성체의 형상이 결정된다.	◎	

구분	내용	진화론		성장론		비고
5	최초 출현한 미생물과 현존하는 미생물은 같은 존재인가?	같은 존재이다. (같은 미생물이므로 현존하는 미생물도 오랜 기간 동안 진화하면 지상에 존재하는 동식물로 진화하게 된다.)	×	다른 존재이다. (최초의 미생물은 수많은 동식물종이 내포되어 있지만, 현존하는 미생물은 성체의 미생물일 뿐이다.)	○	검증해야 할 사안이다.
6	교배를 통하여 종이 변화되는가?	종의 변화는 진화의 핵심 요소 중 하나이다.	⊙	종이 변화되지 않으며, 종 자체의 변이일 뿐이다.	◎	멘델에 의하여 검증되었다.
7	후천적 획득형질에 의하여 종이 변화되는가?	기후와 환경과 같은 후천적 획득형질은 종을 변화시키는 핵심 요소 중 하나이다.	⊙	후천적 획득형질들은 품종의 변이일 뿐 종이 변화되지 않는다.	◎	멘델에 의하여 검증되었다.
8	격리를 통한 종의 변화가 가능한가?	종이 변화된다.	⊙	종이 변화되지 않는다.	◎	후천적 획득형질은 종이 변화되지 않는다.
9	유인원인 침팬지와 오랑우탄의 관계	오랑우탄은 유인원이므로 아프리카 대륙의 침팬지에서 분리되어 동남아시아의 섬으로 이동한 후 진화하였다.	▲	아프리카 대륙과 동남아시아의 섬이라는 전혀 다른 별개의 지역에서 처음부터 별개로 성장하였다.	△	검증해야 할 사안이다.
10	염색체 이상과 돌연변이의 결과?	후천적인 환경의 영향을 받아 염색체 이상이 발생하거나 돌연변이를 통하여 다른 종으로 진화한다.	⊙	염색체와 유전자 이상의 변이는 오히려 퇴화를 초래한다.(예: 몽고증, 머리가 두 개 달린 뱀이나 거북이)	◎	

구분	내용	진화론		성장론		비고
11	우주와 생명체와의 관계	연관 관계가 없다.	▲	불가분의 관계가 있다.	△	검증해야 할 사안이다.
12	전체 맥락	검증된 비과학이 내포되어있고 일관성이 없다.	×	검증된 과학이 내포되어 있고 일관성이 있다.	○	

제 7 장

종의 분화와
암수의 분화

1 종의 분화

1) 최초의 생명체가 탄생된 이후 오랜 기간에 걸쳐 종의 분화 과정을 거치며 각각 성장하였다. 진화론자들은 최초 생명체의 출현에 대해서는 알 수 없으므로 자연 발생하였다며 두루뭉술하게 넘어가고 최초 생명체가 출현한 이후의 성장 과정을 진화 과정으로 관찰하며 자연선택과 같은 후천적 획득형질에 의하여 끊임없이 다른 종으로 진화하고 있다고 주장하고 있다.

그러나 성장론은 지상에 존재하는 생명체들이 하나님에 의하여 탄생되었다는 관점이므로 최초에 출현한 생명체 내에 종과 형상이 선천적으로 내포되어 있었고, 종의 분화 과정을 거친 이후 후천적으로 각각 열악한 환경을 극복하면서 이미 결정되어 있는 종과 형상으로 성장하였다는 이론이다.

2) 그렇다면 종의 분화는 어떻게 이뤄졌을까?

하나님에 의하여 탄생된 최초의 생명체는 자웅동체 상태에서 무성생식 형태로 번식하며 바닷물에 의하여 전 세계 바다에 유포되었고, 종의 분화가 완료된 종들은 성장하기에 좋은 환경에서 급성장하며 성체로 살아가게 되었다.

최초에 탄생된 생명체는 하나님의 다양한 모습이 내포된 공통종이며, 이러한 공통종들이 모체와 같은 2세를 번식하기도 하지만 성장 과정에서 분화될 시기가 되면 새로운 공통종으로 분화가 이뤄지는데 분화 과정에서 계통적 분화가 이뤄지게 되며, 이러한 형태로 종의 분화가 지속적으로 이뤄지다 보면 더 이상 분화될 수 없는 상태의 최종적인 종에 도달하게 된다.

여기에서 종이라는 의미는 인간뿐만 아니라 사자나 호랑이 종과 같이 더 이상 분화할 수 없는 상태의 최종적으로 결정된 종을 의미한다.

이와 같이 수많은 단계의 분화 과정을 거쳐 분화가 완료된 각 종들은 미생물 상태에서 잉태 시에 결정된 본래의 종과 형상으로 성장하게 된다.

3) 이렇게 분화 과정에 있는 수많은 종이 내포된 공통종이 번식할 경우 분화할 시기가 되면 모체와 같은 공통종을 번식하기도 하지만 모체와 다른 이종의 공통종을 번식하기 때문에 같은 공통종이 다른 지역에 존재한다면 같은 공통종의 생명체가 다른 지역에서도 출현할 수 있다.

그렇다면 분화가 완료된 같은 종이 미생물 상태로 각각 다른 지역에 존재한다면 같은 종의 생명체가 다른 지역에서도 출현하는 것은 당연할 것이다.

더 이상 분화할 수 없는 최종 종에 이르게 된 생명체들은 알맞은 생육환경이 조성된다면 미생물 상태에서 본래의 종으로 급성장하여 안정적으로 지상에 정착할 수 있는 것이다.

2 암수의 분화

암수의 분화는 어떻게 이뤄졌을까?

미생물 상태에서 종의 분화가 완료된 최종 종들의 성장 초기에는 자웅동체로 번식하는 무성번식이 이뤄졌지만 성장하는 과정에서 암수로 분화될 시기가 되면 종의 분화와 비슷한 형태로 자웅동체를 번식하기도 했다. 하지만 암컷이나 수컷을 번식하기도 하는데, 이렇게 태어난 암수 개체들은 서로 짝을 이뤄 유성번식을 하게 되었으며, 지상에서 살아가는 모든 동식물들은 이러한 과정을 거쳐 짝을 이뤄 서로 사랑하며 후손을 번식할 수 있었다.

극히 일부의 인간들도 남성과 여성의 성을 모두 가지고 태어난 경우가 있는 것과 같이 무성생식과 유성생식을 동시에 하는 동물들의 번식 방법을 종합적으로 연구해 보면 이해할 수 있을 것이다.

3 종의 분화 및 성장의 흐름도

구분	동물		식물		비고
	육상 동물	수상 동물	육상 식물	수상 식물	
성장 완성 단계					← 성체(현재)
성장 단계					← 대형 운석 충돌 또는 동트 에 의한 멸종 ← 상동
종의 분화단계 (수상생활)					
최초 생명체 탄생					

1) 위 그림의 종의 분화 및 성장의 흐름도는 개략적인 내용을 알리기 위한 것으로 앞에서 밝힌 바와 같이 최초 생명체가 탄생된 이후 바닷물을 통하여 지구 곳곳에 퍼져 살아가게 되었는데 이러한 미생물들은 오랜 기간을 살아오는 과정에서 분화 과정에 있거나, 또는 종의 분화가 완료된 미생물 상태의 생명체들은 지구 곳곳에 퍼져 살아가는 과정에서 소금 결정체와 같은 광물질 속에 생명이 정지된 상태로 갇혀 수억 년 또는 수십억 년 동안 보관될 수 있었는데 지구가 수억 년 기간 동안 동토가 되거나 대형 운석의 충돌로 지상에서 성장 과정에 있는 생명체들이 전멸한다 하더라도 환경이 안정화되면 소금 결정체에 갇혀 있었던 생명체들이 수맥이나 지각변동을 통하여 되살아나 다시 성장하여 지상의 생명체들로 출현할 수 있었는데, 각종 생명체들

이 미생물 상태로 존재하다가 되살아나는 시기와 성장하는 속도도 각
각 다르므로, 위 그림은 개략적으로 표현한 그림이다.

2) 생태계가 균형을 이룬 상태에서 새로운 종이 출현하려면 오랜
기간 동안 성체로 성장하는 과정에서 대부분 잡아먹히므로 생태계
의 먹이사슬이 안정화된 상태에서는 새로운 종의 출현은 굉장히 어렵
다.

지상에는 대형 혜성이 충돌하거나, 메탄가스 증가로 지구 환경이
급격하게 변화되어서 지상에서 생명체들이 살아갈 수 없는 환경이 조
성되고 생명체들이 전멸하는 대멸종이 여러 번 있었다.

기후와 환경이 정상적으로 회복되면 그동안 소금 결정체 속에서 오
랜 기간 동안 생명이 정지된 상태로 살아 있었던 다양한 생명체 종들
이 되살아나 다시 성장하게 되었는데, 대멸종 이후에는 다른 종에 의
한 먹이 사슬이 거의 존재하지 않은 상태이므로 지상 곳곳에서 다양
한 종들이 우후죽순처럼 성체로 성장할 수 있었다.

지상에 존재하는 생명체들은 대멸종이 있을 때마다 이러한 과정을
거치면서 과거에 성체로 존재하였던 같은 종의 생명체가 출현하기도
하지만 대멸종 이후에는 과거에 존재하지 않았던 새로운 다양한 종들
이 출현할 수 있었다.

이렇게 지상의 생명체들은 환경에 따라 멸종과 성장이 반복되면서
다양한 종들이 존재하게 된 것이다.

제 8 장

우주의 탄생

1 우주의 창조

《천천경전》에 기록되어 있는 바와 같이 우주가 출현하기 이전에 이미 하늘 부모님이 영적 세계에 계셨고 하늘 부모님의 참사랑에 의하여 발생된 참사랑의 에너지가 영적 세계에 충만하게 되었다.

하나님은 4차원적인 참사랑의 영적 에너지를 빅뱅과 같은 어떠한 방법으로 3차원의 물질 에너지로 변환시키심으로써 우주 공간에는 3차원의 물질과 에너지들이 충만하게 된 것이다.

따라서 우주 발생에 대한 정확한 표현은 무(無)에서 유(有)인 우주를 창조한 것이 아니라, 하나님이 참사랑을 통하여 발생한 4차원적인 참사랑의 영적 에너지를 3차원적인 물질 에너지로 변환시킨 것이므로 창조라는 표현보다는 변환시키셨다는 표현이 올바른 표현이다.

2 우주와 은하계의 탄생

1) 4차원의 영적 에너지가 3차원 물질로 변환된 에너지들은 수많은 은하계뿐만 아니라 은하계 내의 태양이나 지구와 같은 수많은 행성들을 형성할 수 있게 하는 물질들이다.

2) 4차원의 영적 에너지가 빅뱅 형태의 폭발을 통하여 우주 물질들로 변환되었으며 우주에 분포된 3차원적인 물질들도 각각의 위치에서 에너지뿐만 아니라 크고 작은 물질들이 회전하면서 뭉치게 되었으므로 분자에서부터 은하계 또는 우주에 이르기까지 회전하면서 존재할 수 있었다.

빅뱅 당시에 우주 공간에 흩어졌던 엄청난 양의 물질들과 에너지들이 오랜 기간을 거치면서 우주 곳곳에서 각각 뭉치게 되었고, 밀도와 온도가 상승하면서 대폭발을 일으키며 수많은 나선형의 은하계들이 형성될 수 있었다.

따라서 다른 은하계 내의 행성들도 우리 은하계 내의 행성들과 같은 원리로 형성된 것이다.

3) 우주에 존재하는 물질의 질량만큼 엄청난 양의 물질들이 발생하면 수많은 은하계와 은하계 내의 수많은 행성들이 자동적으로 형성된다. 우주 진화론자들처럼 최초 물질의 발생 원인을 덮어 두고 물질이 발생한 이후만을 진화론적 관점에서 관찰한다면 물질이 진화하여 우주가 형성된 것으로 관찰할 수밖에 없을 것이다.

최초 생명체가 지상에 탄생된 후 성장하게 되며 자동적으로 수많은 종이 형성되었는데도 최초 생명체의 발생 원인을 덮어 두고 최초 생명체 발생 이후만을 진화론적 관점에서 관찰한다면, 이러한 주장은 마치 생명체가 진화하여 지상의 수많은 종이 형성되었다고 주장하는 생명체 진화론자들의 주장과 다르지 않은 것이다.

호킹과 같은 우주 과학자들도 하나님의 존재를 부정하는 무신론자들이므로 물질이 진화하여 우주가 형성되었다고 주장할 수밖에 없었는데 이러한 진화론자들은 자신들의 하늘 부모님을 부정하고 있었다.

최초 우주 물질의 발생과 최초 생명체 발생을 밝히는 문제는 하나님의 존재 여부를 밝힐 수 있는 가장 핵심적인 문제이므로 이러한 근본 원인을 밝히는 것을 덮어 두고 최초 물질의 출현과 생명체의 출현 이후에 이뤄진 내용물만을 가지고 지상에 존재하는 생명체들과 우주에 대하여 창조론자 또는 진화론자들과 논쟁한다면 어리석은 사람들은 권모술수가 능한 그들의 주장에 말려들어 창조론 또는 진화론을 믿을 수밖에 없으므로 성장론을 밝히는 입장에서는 최초 물질의 출현 문제와 최초 생명체 출현 문제를 덮어 두고 다음 단계로 넘어가려고 한다면 이는 절대로 양보할 수가 없는 것이다.

4) 우주 내에 분포된 수많은 나선형 형태의 은하계들은 분포된 위치에서 우주의 중심축을 중심으로 자전과 공전하게 된다.

은하계 내의 물질들도 은하계 중심축을 중심으로 자전과 공전하는 과정에서 흩어져 있는 물질들이 인력작용을 통하여 각각의 위치에서 보다 크게 뭉치게 되므로 태양과 같이 비교적 덩치가 큰 행성들이 각 은하계 내에 비교적 적당한 간격으로 형성될 수 있었으며, 같은 원리로 각 태양계 내의 물질들은 대부분 각 태양에 흡수되어 거대한 태양들이 형성될 수 있었지만 각 태양계 내에서도 각각의 위치에서 인력작용에 의하여 화성이나 지구와 같은 태양의 위성들이 형성되어 각 태양의 주위를 공전할 수 있었다.

우주 곳곳에서 발생한 수많은 은하계들의 형성도 우리 은하계 내의 수많은 행성들의 형성과 같은 원리로 형성되었으며, 수많은 은하계들은 우주의 중심축을 중심으로 회전하므로 은하계들끼리 충돌하는 일은 없다.

각 은하계 내의 수많은 위성들도 마찬가지로 은하계 중심축을 중심으로 공전하는 것처럼, 각 태양의 행성들은 태양을 공전하면서 은하계 중심축을 중심으로 공전하며 오랜 기간에 걸쳐 안정화되었으므로 우리 은하계 내에 존재하는 수천억 개의 행성들이 충돌하는 경우는 거의 발생하지 않는다.

다만, 우리 은하계 자체 내에도 대폭발 과정에서 물질들이 은하계 내에 골고루 분포되지 못하고 더 많은 물질들이 뭉쳐 있는 경우도 있었는데, 많은 물질들이 분포되어 있는 곳에서는 인력작용으로 덩치가 커질수록 주위에 있는 행성들까지 흡수하여 크게 뭉치게 되었고, 폭발할 정도로 규모와 온도가 상승하게 되면서 우리 은하계 내에서도 2차적 폭발을 통하여 별들이 다시 탄생하는 과정에서 우리 은하계에는 불규칙적인 궤도를 도는 혜성들이 존재하게 되었다.

3 태양계와 지구의 탄생

1) 태양계 내의 물질들도 큰 물질 덩어리인 태양의 인력작용에 의

하여 대부분 흡수되어 거대한 태양이 형성되었듯이, 각 은하계 내에서도 태양 형성과 같이 각각의 위치에서 물질들이 뭉치게 되므로 규모가 큰 수많은 제2의 태양들이 비교적 고르게 분포될 수 있었다.

이를 구체적으로 설명하면, 우리 태양계 경계의 범위, 즉 약 1.5광년 내에 흩어져 있었던 물질들은 대부분 태양에 흡수되므로 거대한 태양이 형성될 수 있었고, 각 태양에 흡수되지 못한 물질들이 각각의 위치에서 인력작용으로 뭉치게 되어 각 태양계에는 수많은 태양의 위성들이 형성될 수 있었다.

우리 태양계에는 수천 개의 행성들이 안정된 궤도로 정착하는 과정에서 좌충우돌하면서 오랜 기간에 걸쳐 안정화되었으므로 화성이나 지구와 같은 행성들은 안정된 궤도가 형성되었다.

또한, 태양의 위성인 목성의 형성 과정도 태양계의 형성 과정과 같은 원리로 형성되었으므로 비교적 큰 위성인 목성에도 수많은 위성들이 형성될 수 있었다.

이와 같은 원리로 우리 은하계 내에는 수많은 태양들이 비교적 고르게 분포될 수 있었는데, 우리 태양계에서 지구와 같이 태양과 적당한 거리에 위치한다면 지구와 같은 환경이 조성되듯이, 우리 은하계 또는 다른 은하계 내에서도 각 태양들과 적당한 거리에 위성이 위치한다면 지구와 같은 환경의 위성들이 반드시 존재할 것이다.

태양과 태양 주위를 도는 위성들의 경계의 범위도 위성들의 크기에 따라 각각 달라진다.

2) 우리 은하계 탄생 초기에 인력작용에 의하여 뭉쳐진 물질들은 은하계의 중심축에서 태양의 중심축으로 변환되는 과정에서 대부분 태양에 흡수되었지만 행성들끼리 좌충우돌하거나 혜성의 충돌로 비교적 작은 지구는 달과 같은 큰 위성을 갖는 행운을 얻게 되었다.

3) 지구 또는 달과 같은 태양의 위성들은 우리 은하계의 중심축을 중심으로 자전과 공전하는 과정에서 오랜 기간에 걸쳐 안정화되었으므로, 은하계 중심축이나 각 태양의 인력작용으로 각각 흡수되거나 원심력에 의하여 외부로 날아가지 않고 각각 자기 궤도를 안정적으로 공전할 수 있게 되었다.

따라서 정확한 궤도가 아닌 인공위성은 궤도를 인위적으로 수정해 주지 않으면 인력작용으로 지상에 떨어지거나, 지구 궤도 밖으로 날아가 태양이나 다른 행성에 흡수되는 것이며, 안정된 궤도에 자리 잡은 인공위성이나 우주의 쓰레기들은 지속적으로 자기 궤도를 유지할 수 있는 것이다.

하나님이 4차원의 영적 에너지를 빅뱅 형태를 통하여 우주 공간에 3차원의 물질로 변환시켜 놓으면 우주 곳곳에서 인력작용에 의하여 자동적으로 물질이 뭉치게 되었고, 뭉쳐진 물질들이 폭발을 통하여 수많은 은하계가 자동적으로 형성되는 것과 마찬가지로 하늘 부모님에 의하여 지상에 최초 생명체가 탄생되면 자동적으로 열악한 환경을 극복하고 수많은 동식물들로 성장하여 공존하며 살아갈 수 있었다.

4) 지구상에 여러 개의 대륙들이 하나의 초대륙으로 뭉쳤다가 다시 분리되는 현상이 반복되었다. 약 3억 년 전에 하나로 뭉친 초대륙을 판게아라고 하는데 판게아에서 현재 지도상의 여러 개의 대륙으로 분리되었다.

1912년 독일의 기상학자인 베게너가 세계 지도를 관찰하면서 대륙이 퍼즐처럼 되어 있다는 사실을 발견하고 다음과 같은 내용을 근거로 대륙 이동설을 주장하였다.

첫째로 남아메리카 대륙의 볼록한 부분과 아프리카 대륙의 오목한 부분의 해안선이 일치하거나 아프리카 대륙과 아라비아 반도의 해안선이 일치하고, 둘째로 빙하의 흔적이 분리된 다른 지역과 일치하며, 셋째로 같은 종의 고생물의 화석이 분리되었다고 판단되는 다른 지역에서도 똑같이 존재한다는 것이다.

넷째로 산맥의 흐름이 분리된 지역과 연결되는 것이 일치한다는 내용을 근거로 대륙 이동설을 주장하였는데, 현재는 대륙 이동설이 과학적으로 입증되어 모든 과학자들이 믿고 있지만 당시에는 육지가 고정되어 있다는 관념에 사로잡힌 수많은 사이비 과학자들과 종교인들은 판게아 이론이 발표된 이후 수십 년 동안 대륙 이동설을 부정하였다.

성장론의 발견도 마찬가지이다.

첫째로 교배를 통해서는 종이 변화되지 않는다. 둘째로 후천적 획득형질을 통해서는 종이 변화되지 않는다. 이러한 내용들은 이미 과학적 검증이 끝난 내용들이므로, 이와 배치되는 이론이라면 이유 여하를 불문하고 사이비 이론으로 보아도 무방하다.

한마디로 종은 부모로부터 선천적으로 결정되므로, 기후와 환경, 격리, 자연선택 등과 같은 후천적 획득형질에 의해서는 품종의 변화만 있을 뿐 종의 변화는 없으므로, 이러한 조건에 가장 부합한 이론이 성장론인 것이다.

창조론과 진화론의 고정 관념에 사로잡힌 사이비 종교인들과 사이비 과학자들은 대륙 이동설을 부정하였던 것과 같이, 성장론에 대하여 어떤 이유를 들어서라도 배척할 것이다.

5) 현대 과학에서 우주상에 존재하는 다양한 광물질들을 분석하면 모두 분자가 있고 분자를 분할하면 원자가 있으며 원자를 더 분할하면 소립자가 있다.

소립자들은 에너지로 구성되어 있는데 과학자들은 그 에너지가 어떠한 원인에 의하여 출현하여 우주가 형성되고, 생명체를 구성하는 물질들로 변화되었는지를 밝혀내지 못하고 있다.

6) 또한 에너지들이 결합된 돌과 같은 광물질이나 뼈와 같이 단단한 물질도 에너지 결정체에 불과하므로, 조류와 같은 동물들이 삼켜도 위산의 소화액으로 녹여 소화할 수 있다.

따라서 철과 같은 쇠붙이는 통상적으로 위산으로는 소화할 수 없는 광물질인데 이러한 광물질도 에너지 결정체에 불과하므로 자신의 치아로 강철을 절단하거나, 삼킨 강철을 소화할 수 있는 기인이 존재한다. 그러나 이를 현대 과학으로 설명하는 것은 불가능하다.

과학자들은 대부분 무신론자들이므로 이와 같은 신비스러운 현상들을 이해할 수도 없었고, 하나님에 의하여 발생된 참사랑의 영적 에너지를 변환시켜 우주가 형성된 내용은 도저히 상상하기 어려울 것이다.

4 발생 초기의 지구

발생 초기의 지구는 태양과 같이 용암이 들끓는 액체 상태의 불덩어리였지만, 소규모 행성이므로 온도가 낮아 지속적인 핵융합과 폭발이 이뤄지지 못하고 점점 식어가는 과정에서 화학작용을 일으키며 수소와 산소가 결합하여 대량의 물이 발생하여 지표면이 급속도로 냉각되었으며 바닷물로 지구 전체가 뒤덮이게 되었다.

지표면이 바닷물에 의하여 빠른 속도로 식어가면서 여러 조각의 지각판이 형성되었고, 균열된 지각판 사이에서 마그마가 분출하여 산이 형성되거나 화산섬이 형성되기도 하였다.

또한, 맨틀이 대류하는 과정에서 지각판끼리 서로 부딪쳐 융기하거나, 한쪽의 지각판이 다른 지각판 밑으로 들어가는 과정에서 그동안 바닷물 속에 잠겨 있던 해저 지표면들이 융기하여 육지가 형성되거나 깊은 바다가 형성되기도 하였다.

5 생명체의 천체비래설에 대한 반박

1) 과학자들이나 종교인들이 생명체 또는 생명체를 구성하는 물질

이 지구 밖 외계로부터 도래하여 생명체가 발생하였다고 천체비래설을 주장하고 있으나, 이는 잘못된 주장이라 생각한다.

왜냐하면, 우주의 탄생 시점도 대략 150억 년 이전에는 우주의 존재 자체도 없었을 뿐만 아니라, 같은 우주에서 발생된 은하계라면 다른 은하계의 구성 물질들과 우리 은하계의 구성 물질들이 같을 수밖에 없으며, 같은 과정을 거쳐 형성된 은하계들이므로, 우리 은하계 내의 지구에서 생명체가 발생할 수 없다면 다른 은하계 또는 우리 은하계 내의 다른 행성에서도 생명체가 존재할 수 없기 때문이다.

더욱이 은하계 내의 물질들이 은하계 중심축을 중심으로 각각 회전할 뿐만 아니라 우리 태양계 내의 물질들도 태양을 중심축으로 회전하기 때문에 은하계 내의 물질뿐만 아니라 각 태양계 내의 물질은 각 은하계 또는 각 태양계의 경계를 벗어날 수도 없다.

그렇다면 우주 내의 수많은 다른 은하계의 물질과 우리 은하계의 물질은 같은 물질로 구성되어 있고, 수많은 은하계 내의 태양들이나 행성들이 우리 은하계와 같은 과정을 거쳐 출현하였으므로 지구와 같이 생명체가 살아가기에 알맞은 환경에서 생명체가 출현할 수 없다면, 다른 행성 또는 다른 은하계에서도 생명체가 출현할 수 없다는 사실을 알 수 있다. 따라서 생명체가 외계로부터 유입되었다는 주장은 비과학적인 주장이다.

2) 우주는 점점 더 확장되어 가고 있다. 마젤란은하와 우리 은하보다 직경이 두 배나 큰 안드로메다은하는 우리 은하와 가장 가까운 거

리에 위치한 은하임에도 각각 18만 광년과 230만 광년이나 떨어져 있으며, 우리 은하계에서 300~400만 광년 범위 내의 국부 운하군만 하더라도 30여 개의 크고 작은 은하계가 존재하는데 각 은하계와 각 태양계들은 자체 중심축을 중심으로 각각 자전과 공전을 하기 때문에 각 은하계와 각 태양계를 벗어날 수 없으며, 우리 은하계 내의 지구와 같은 행성에서 과학이 발달한 문명사회가 존재하더라도 생명체가 하늘로 부양하여 유랑하는 혜성이나 운석에 붙어 다른 행성으로 이동하였다는 주장은 터무니없는 주장으로 보인다.

우주에는 수천억 개의 은하계가 존재하지만 우리 은하계만 하더라도 약 4,000억 개의 태양들이 약 10만 광년에 걸쳐 흩어져 있는데, 이는 우리 태양계와 같은 크고 작은 태양계가 우리 은하계 내에 약 4,000억 개가 존재한다는 것을 의미한다.

우리 태양계의 경계를 벗어나려면 빛의 속도로 약 1.5년이 걸린다. 로켓을 타면 최소한 몇천 년을 가야 도달할 수 있는 먼 거리이므로, 우리 은하계 내의 어느 행성에 발달된 문명사회가 존재하더라도 인간 수명의 한계성으로 그 행성까지 이동은커녕 태양계 경계를 벗어나는 것조차도 불가능한 일이다.

따라서 외계에서 날아온 운석에 의하여 생명체가 유입되었다거나 생명체를 형성할 물질이 외계로부터 유입되었다는 주장은 실현 불가능한 헛된 주장일 뿐이다.

설령 다른 행성에 생명체가 존재한다 하더라도 생명체가 붙은 바위

덩어리가 하늘로 올라가 혜성이나 운석이 될 수도 없으며, 설령 혜성
이나 운석에 생명체 또는 생명체를 구성하는 물질이 붙어 있다 하더
라도 지구 대기권에 들어오면 공기와의 마찰열에 의하여 대부분 소멸
되므로 생명체가 운석에 붙어 유입되었다거나, 유입된 물질에 의하
여 생명체가 출현하는 원인이 되었다고 천체비래설을 주장하는 과학
자가 있다면 자기 자신이 사이비 과학자임을 스스로 공표하는 것과
다름없다.

제 9 장

창조론자들과
진화론자들의 주장

1 창조론자들과 진화론자들의 견해 차이

1) 진화론자들이 볼 때 창조론자들의 주장은 너무나 복잡하고 아름답고 경이로운 우주와 생명체들은 우연히 발생할 수 없으므로 지적 설계자인 여호와 하나님이 설계하여 창조한 것이 틀림없을 것으로 추정하고 우주와 생명체들을 신이 창조하였다고 주장한다는 것이다.

또한, 창조론자들은 결과적 생명체들만을 관찰하고 있다는 사실 자체를 간과하고 있으며, 우연이나 지적 설계는 비개연적이어서 정답이 될 수 없다는 것이다.

2) 따라서 아직까지는 자연선택에 의하여 진화가 이뤄졌다는 진화 이론을 깰 만한 어떠한 대안도 없으므로 진정한 정답은 진화론이라는 것이다.

지상에 존재하는 모든 생명체들은 자연선택을 통하여 수많은 작은 단계들의 누적된 진화의 결과물이므로, 최초 출현한 생명체와 현재 지상에 존재하는 생명체를 비교하면 전혀 다른 비개연적인 관계가 되었는데도 창조론자들의 논의 대상은 최종 산물들이며 수많은 단계의 진화 과정을 부정하면서 결과적인 생명체를 관찰하여 창조론이라는 일방적인 주장을 되풀이한다는 것이다.

3) 창조론자들이 볼 때 진화이론을 통해서는 무질서한 물질들이 기능을 달리한 완벽한 장기들로 진화하거나 유기적으로 작동하는 것은 불가능할 뿐만 아니라 아름다운 형상의 동식물들의 출현 자체가 불가능하며, 교배를 통해서는 종이 변화되지도 않으므로, 오직 성경에 기록되어 있는 내용과 같이 여호와 하나님이 생명체들을 종류별로 암수 짝을 맞춰 창조하고 번식이 이뤄지지 않았다면 복잡한 기능을 갖춘 완벽한 암수 생명체들의 존재 자체가 불가능하므로, 진화론이야말로 결과적인 최종 동식물들을 관찰하여 진화이론에 꿰맞춘 이론이므로 사이비 과학이라는 것이다.

지금도 창조론자와 진화론자들은 한 치의 양보도 없이 자신들의 주장이 옳다는 주장만 되풀이하고 있다.

4) 모세가 만든 창조론과 라마르크와 다윈이 만든 진화론은 두 가치관 모두 지상에서 살아가는 생명체들의 결과적 존재만을 놓고, 출현 과정을 종교와 과학이 각각 원인과 결과라는 관점에서 관찰하여 각각 후대의 맹신자들에 의하여 체계화한 이론들이다.

5) 따라서 창조론자들은 하나님께서 오장육부와 이목구비와 같이 고도로 정밀한 부품들을 만들고 유기적이고 조화롭게 결합시켜 후손을 번식할 수 있는 생명체들을 만들었으므로 아름답고 완벽한 생명

체일 수밖에 없다면서, 마치 비행기를 만들 때 설계도면에 의하여 각 부품을 만들고 결합시켜 유기적으로 작동되는 첨단 비행기를 만들듯이, 지적인 여호와 하나님이 우주와 생명체들을 설계하고 흙으로 첨단 부품의 장기들을 만든 후 결합하여 생명체를 창조하였다고 생각한다.

6) 진화론자들은 창조론자들이 말하는 인간의 눈으로 볼 수도 없는 신의 존재와 지적 설계를 통한 창조의 주장은 황당한 주장일 뿐이므로, 미생물이 자연 발생한 후 자연선택에 의하여 진화한 것이 틀림없다고 주장한다.

리처드 도킨스는 더 나아가 종이 변화되기 위해서는 눈먼 시계공(자연선택)이 금고 다이얼을 돌려 금고가 열릴 확률이라면 비행기와 같은 생명체도 출현할 수 있다고 주장하고 있다.

이러한 논리라면 약 70억 명의 인간들이 현재 지상에 살아가고 있는데, 금고 다이얼을 돌려 금고가 열릴 확률의 수십 배의 인간들이 살아가고 있으므로 한 해에도 최소한 수십 명이 다른 종으로 진화가 이뤄져야 할 것인데, 인간들이 관측 가능한 수천 년 동안 인간이 다른 종으로 진화한 사례들이 한 건도 존재하지 않았다면, 이는 한번 결정된 종은 환경의 변화와 교배를 통해서는 종의 변화가 없으므로, 진화론자의 주장은 100% 검증된 비과학이라 아니할 수 없다.

7) 진화론자들은 신이 다양한 생명체들을 창조하였다는 창조론은

일방적인 허구의 주장이라고 배척하면서, 자신들이 만든 비과학이 내포된 진화론을 강변하고 있는데, 이런 주장은 창조론자와 서로 비슷하다고 본다.

무(無)에서 지상에 존재하는 모든 생명체의 완성품인 유(有)를 창조했다는 창조론자들의 주장과 무(無)에서 지상에 존재하는 수많은 종으로 진화할 만능 미생물이 자연 발생하여 지상 생명체들로 진화하였다는 진화론자들의 주장은 결과적으로 대동소이한 황당한 주장인데도 진화론자들은 진화론을 과학으로 포장하면서 자신들의 주장이 옳다며 창조론자들을 비난하고 있다.

8) 창조론자들은 창조론에 세뇌되어 있는 상태이므로, 지상의 모든 생명체들을 고성능 부품들의 결합체로 관찰할 수밖에 없었고, 인공지능 컴퓨터와 같이 만들어진 고성능 뇌의 기관에서 의식이 발생한 것이라고 유물론을 주장할 수밖에 없었다.

창조론자들은 창세기 2장에 기록된 창조론을 관찰하며 사람들이 인형과 같은 노리개를 만들듯이 흙으로 인간을 만들었다고 성경에 대충 기록해 놓으면 맹신자들이 스스로 알아서 지적설계를 통하여 정교한 부품들을 만들어 조립한 것으로 해석한다.

2 생명체 출현에 대한 진화론자들의 주장

1) 최초 생명체 출현에 대하여 단백질과 같은 물질이 결합하여 미

생물 형태의 모형이 만들어졌고, 그 물질 덩어리가 생명체로 진화하여 지상에 존재하는 다양한 종의 생명체들로 진화하였다는 진화론자들의 주장도 뚝딱뚝딱 생명체들을 만들었다는 창조론자들의 주장과 버금가는 비개연적인 주장일 뿐이다.

왜냐하면 아무리 단순한 미생물이라 하더라도 생명체로 살아가려면 최소한 영양분을 섭취할 수 있는 섭취기관이 있어야 하고, 섭취한 물질을 소화하는 소화기관과 에너지로 변환시키는 기관이 있어야 하며, 배설기관과 같은 수많은 기관들이 작동된 후 생명이 깃들어야만 지속적으로 활동하거나 생존이 가능하기 때문에 단순한 물질 덩어리는 생명체로 변화될 수 없는 것이다.

또한, 산소를 흡수할 수 있는 호흡기관, 각 세포에 영양분과 산소를 공급할 수 있는 심혈관 기관과 일정한 간격으로 전기 자극을 통하여 심장을 작동하게 하는 전기 발생 기관, 감각기관, 각 기관을 컨트롤할 수 있는 두뇌기관과 그 외에도 극미세한 수많은 기관들이 미생물 체내에 처음부터 존재하면서 상호 유기적으로 작동될 수 있는 조건을 모두 갖추어도 그 자체만으로는 생명체로 살아갈 수 있는 외적 조건만 갖췄을 뿐 움직일 수도 없는 사체에 불과하다.

2) 생명체로서 살아갈 수 있는 모든 기능을 갖춘 사체만으로는 생명체라는 명칭을 사용할 수 없으므로, 그 사체에 생명이 깃들어 각 기관들이 상호 유기적으로 작동되어 활동하여야만 비로소 생명체라는 명칭을 사용할 수 있을 것이다.

진화론자들은 오랜 기간에 걸쳐 진화가 이뤄졌다고 주장해 온 자들이기 때문에 최초에 출현한 생명체는 단순한 물질에 각종 기능의 장기들이 발생하여 생명이 깃들었다고 주장하는 것도 비개연적일 것인데, 더 나아가 최초 출현한 생명체가 당대에 부모를 닮은 2세를 번식할 수 있는 신체구조로 진화하여 최초 생명체로부터 지금까지 시행착오 없이 2세를 번식하여 지상의 동식물로 진화했다고 주장하는 것은 더더욱 비개연적인 주장일 뿐이다.

최초 출현한 생명체 내에 이미 2세를 번식할 수 있는 기능이 선천적으로 내재되어 있었다는 성장론과, 후천적으로 물질이 진화하여 각종 장기들이 만들어지고 생명이 깃들어 최초 생명체가 출현한 이후에 당대에 2세를 번식할 수 있는 기능들이 발생하는 진화가 이뤄져 후손을 지속적으로 번식하게 되었다고 주장하는 진화론과 비교해 볼 때 성장론이 진화론보다 합리적인 이론임을 알 수 있을 것이다.

3) 생명체로 존재하려면 각종 장기들과 몸체가 처음부터 상호 유기적으로 결합되어 있어야 하고, 각각 기능을 달리한 장기들이 연동되어 작동되는 터전 위에 생명이 깃들 수 있으므로 어떠한 생명체 모형이더라도 각종 장기들이 존재하지 않거나, 장기들이 존재하더라도 유기적으로 작동될 수 없다면 생명체로 볼 수 없다.

바닷가에 수많은 미생물 형태의 진흙 알갱이와 모래 알갱이 또는 유기물질 덩어리들이 존재하더라도 단순한 생명체로 진화할 수 없는 것은 그 물질들 내에 수많은 기능의 장기들이 존재하지 않을 뿐만 아

니라, 설령 수많은 장기가 존재하더라도 생명이 깃들 수 없기 때문이
다.

진화론자들은 최초 생명체의 출현에 대하여 물질이 진화하여 각종
장기가 발생한 후에 화학작용을 일으켜 생명이 깃들었다거나, 또는
아무런 장기도 내포되어 있지 않은 단순한 유기물 덩어리에 화학작용
을 일으켜 생명이 깃들었다는 주장 중 하나를 상황에 맞게 둘러대고
있었는데 이러한 내용을 통하여 진화론자들의 실체를 정확하게 알 수
있을 것이다.

4) 지상에서 유일무이하게 최초 생명체만 자연 발생한 후 지상에
존재하는 수많은 종의 생명체로 진화하였다는 진화론자들의 주장은
곧 지상에 존재하는 수많은 생명체들을 각각 창조했다는 창조론자들
의 주장에 버금가는 허황된 주장에 불과하다.

영인의 존재를 부정하는 진화론자들은 단순한 물질 덩어리가 진화
하여 다양한 기능을 갖춘 물질로, 다양한 기능을 갖춘 물질에서 다양
한 생명체로 진화하였다고 생각하고 있어, 이들은 뇌세포에서 의식
이 발생한다고 주장할 수밖에 없었을 것이다.

5) 진화론의 결정적 모순점은 원인적인 생명과 결과적인 물질은 전
혀 다른 개념인데도 같은 개념이라는 관점에서 물질이 진화하여 복잡
한 구조의 생명체들로 진화하였다는 논리를 취하고 있다는 것이다.

진화론자들의 논리를 종합하면 물질이 우연하게 결합하여 색소폰

악기의 모형이 만들어지면, 색소폰 모형의 물질에 화학작용에 의하여 생명이 부여되고, 색소폰 모형의 물질이 생명체가 되어 돌아다니며 스스로 원하는 노래를 부르며 후손을 번식한다는 발상이다.

이제는 과학이 발달하여 인간 형상의 인공지능 로봇을 만들어 이용하는 시대가 도래하였는데, 진화론자들은 그동안 생명체들의 외형만을 관찰하며 뇌세포에서 의식이 발생한다고 주장하는 유물론자들이므로 수많은 부품으로 이뤄진 로봇 인간이 수많은 장기로 이뤄진 인간과 동일하다는 관점에서 관찰하며 인간 형상을 하고 있고, 말과 행동을 하며, 인간보다 더 똑똑한 인간 로봇을 진화한 인간으로 관찰하며 로봇 인간에게 종속되어 살아간다 해도 후회하지 않을 사람들이다.

또한, 인간보다 똑똑한 괴물 형상의 로봇을 만들어 놓고 마귀가 출현하였다고 관찰할 수밖에 없는 진화론자들이 자신들과 똑같은 의식 구조를 가진 창조론자들을 향하여 신이 인간이나 동식물들을 만든 것이 아니고 진화한 인간들이 신을 만들어 추종하고 있다는 주장을 펴고 있는 것이다.

6) 덥거나 추운 극한의 기후와 환경에 적응한 동식물들은 비록 품종이 바뀌더라도 종은 바뀌지 않는다.

인류가 인지 가능한 역사는 최소한 3,000년 이상인데 기후와 환경의 변화를 통해서는 종이 바뀌지 않기 때문에 각각 열대와 한대와 같은 열악한 환경에서 살아가는 인간 또는 인간과 함께 살아왔던 동식물들 중에서 다른 종으로 진화한 사례는 한 건도 발견되지 않았다.

7) 다만 같은 종의 동식물이더라도 부와 모의 다른 유전인자를 각각 이어받는 과정에서 조금씩 다른 품종이 발생하는데, 넓은 지역에서는 비교적 변화가 크지만, 갈라파고스에서와 같이 격리된 좁은 지역에서는 오랜 기간 동안 가까운 혈통끼리만 교배가 이루어져 변화가 적다는 주장을 해야 함에도 다윈은 자신의 진화이론과는 정반대의 주장을 펴온 것이다.

다윈은 멘델의 유전법칙을 통하여 교배를 통한 변이는 종 자체 내의 변이일 뿐이고 종이 변화되지 않는다는 과학적 사실을 알지 못한 상태에서, 교배를 통한 돌연변이와 함께 후천적 획득형질에 의하여 끊임없이 다른 종으로 진화한다는 관점의 '종의 기원'을 발표하였다.

진화 과정을 연구하려면 최소한 수천 년 또는 수천만 년의 기간 동안 살았던 생명체들을 종합적으로 관찰하며 연구해도 3차원적 의식 구조를 가진 인간들로서는 정확하게 알기가 쉽지 않은데도, 다윈은 불과 5년간의 짧은 기간 동안 그것도 갈라파고스에서 핀치새들을 채집한 후 영국으로 돌아와 자신이 구상한 진화이론에 대입하여 부모의 형질을 이어받는 종 자체 내의 변이마저도 종이 변화되는 진화의 산물이라는 엉터리 결과물을 내놓았다.

3 창조론과 진화론의 관점

1) 생명체가 자연 발생하려면 여러 가지 조건이 필요한데, 물질이 진화하여 수많은 기능을 달리한 장기들이 존재하여야 하고, 혈액이

흐르면서 유기적으로 작동되어야 하며, 생명이 깃들어야 생명체라
할 수 있다.

더욱이 물질과 생명은 전혀 다른 개념이고, 물질과 생명이 일체화
되어야만 생명체라고 말할 수 있는데, 물질로 이뤄진 육체만을 생명
체로 관찰하며 물질이 각종 장기들로 진화하였다는 물질 관점의 진화
이론에 의해서는 생명체 출현은 불가능하다.

2) 생명이 물질에 의하여 발생하였다는 유물론 관점의 진화론자들
에 의해서는 최초 생명체 출현을 밝힐 수가 없는 관계로 자연 발생하
였다고 주장하는 우를 범하고 말았다. 생명체들의 성장 과정을 현미
경 관찰을 통해 진화 과정이라고 왜곡시켰던 것이다.

그렇다면 제3의 이론인 성장이론에 대한 진리 여부를 밝히는 문제
는 창조론과 진화론의 진리 여부를 밝히는 문제로 귀결될 것이다.

또한, 성장론을 밝히는 문제는 곧 하나님의 존재 여부를 밝히는 매
우 중대한 문제이므로 성장론을 밝히는 입장에서는 최초에 출현한 생
명체의 발생 원인을 밝히는 문제를 대충 덮고 다음 단계로 넘어갈 수
는 없는 것이다.

3) 《천천경전》을 통하여 밝힌 바와 같이 같은 의식을 가진 욕심 관
점의 보수 또는 진보주의자들끼리도 상대방을 이해하지 못하고 첨예
하게 대립하면서, 사랑 관점의 민주 가치관을 정확하게 이해하지 못
하면서 민주주의자 행세를 하고 있는 것이다. 창조론, 진화론을 믿는

욕심의 인간들은 사랑 관점에서 밝힌 성장론을 이해하기가 쉽지 않을 것이다.

창조론자들은 창세기 2장에 기록된 내용과 같이 여호와가 흙이라는 물질로 인간을 만들었고, 인간도 뇌의 물질에서 발생한 의식으로 살아간다는 형태의 유물론을 주장하면서도 인간에게만 특별하게 생기라는 영혼을 불어넣었다면서 유신론을 주장하고 있다.

진화론자들은 뇌의 물질에서 의식이 발생한다고 주장하는 유물론자들로, 이들은 영적 존재 자체를 부정하고 있다.

이렇게 창조론과 진화론 간에는 신의 존재뿐만 아니라 생명체들을 바라보는 관점 자체가 다르므로 힘의 논리로 자신들의 주장을 관철시킬 수밖에 없는 것이다.

4) 지상의 모든 생명체들이 종이 뚜렷하게 구분되어 있고, 수많은 종들 중에서 다른 종으로 진화가 이뤄진 직접적인 증거를 한 건도 발견하지 못한 상태라면, 한번 결정된 종은 다른 종으로 진화하지 않는다는 사실을 알 수 있으면서도, 환경에 영향을 받아 다른 종으로 끊임없이 진화한다고 학생들을 반복적으로 세뇌하고 있는바, 이런 행위는 마치 창조론을 세뇌하는 사이비 종교인들과 같은 의식구조를 가졌기 때문이다.

창조론과 진화론은 신의 존재 유무를 놓고 다투는 상극 관계의 논리임에도 천주교에서는 창조론의 모순점을 덮기 위하여 진화론을 수용하며 진화적 창조를 주장하기도 하는데 이러한 주장은 또 다른 사이비 종교 이론의 탄생에 불과하다.

4 창조론, 진화론, 성장론의 비교표

※ 본 내용은 《천천경전》에서 발췌함.

구분	내용	창조론 (유대교, 기독교, 이슬람교)	진화론	성장론 (잉태론)
1	창시자	유대교(구약): 모세 기독교(신약): 예수 이슬람교(코란): 마호메트	라마르크, 찰스 다윈	성천
2	믿음의 근거	구약성경	종의 기원	천천경전
3	신앙의 대상	여호와신, 알라신, 아브라함, 모세, 예수, 마호메트	찰스 다윈	실체적 하늘 부모님과 각자의 부모님
4	신의 존재 유무	있다.(유신론)	없다.(무신론)	있다.(유신론)
5	하나님은 누구인가	여호와, 예수, 성령의 하나님 또는 알라 하나님이다.	없다.(자연 발생하였으므로)	하늘 부모님이시다.
6	생명체의 기원	여호와, 예수 또는 알라가 창조하였다.	자연 발생하였다.	하나님이 잉태하셨다.
7	동식물들의 종과 형상의 결정시기	창조한 때 결정된다.	끊임없이 진화하므로 종은 결정될 수 없다.	잉태 시에 선천적으로 결정된다.
8	종이 존재하게 된 원인	하나님이 종별로 성체를 창조하였다.	생명체가 다양하게 진화하여 다양한 종이 형성되었다.	잉태 시에 결정되었고 분화 과정을 거친 후 성장하였다.

구분	내용	창조론 (유대교, 기독교, 이슬람교)	진화론	성장론 (잉태론)
9	생명체가 존재하게 된 원인	하나님이 처음부터 각종 동식물들을 각각 성체로 창조하였다.	생명체가 자연 발생하여 진화가 진행 중이므로 결정된 종과 형상은 없다.	하나님에 의하여 탄생되어 하나님을 닮은 다양한 모습으로 각각 성장하였다.
10	하나님과 인간과의 관계	창조하였으므로 하나님과 주종 간의 관계이다.	자연 발생하여 진화하였으므로 관계 없다.	잉태하셨으므로 부모와 자녀 간의 관계이다.
11	인간의 영혼은 존재하는가	여호와가 생기를 불어넣은 인간에게만 영혼이 존재한다.	자연 발생하여 진화하였으므로 영혼이 존재하지 않는다.	하나님을 닮아 태어났기 때문에 영인이 존재한다.
12	동식물의 영혼은 존재하는가	생기를 불어넣지 않았기 때문에 영혼이 존재하지 않는다.(무신론)	자연 발생하여 진화하였기 때문에 영혼은 존재할 수 없다.(무신론)	하나님을 닮아 태어났기 때문에 모든 생명체들도 영혼이 존재한다.(유신론)
13	인간의 영혼은 어떻게 존재하나	인간의 몸 어디엔가 존재한다.(유신론)	존재하지 않는다.(무신론)	인간의 형상과 일체화되어 존재한다.(유신론)
14	인간과 동물의 마음(생각)은 어떻게 발생되나	육신의 뇌(물질)에서 마음이 발생하여 외적으로 표현된다.(유물론)	육신의 뇌(물질)에서 마음이 발생하여 외적으로 표현된다.(유물론)	영인의 뇌에서 발생한 마음이 육신의 뇌에서 정보처리 된 후 외적으로 표현된다.(유신론)

5 창조론이 진화론보다 과학적이다

1) 창조론과 진화론을 살펴보면, 우주와 생명체들이 존재하게 된 원인에 대하여 창조론은 원인자인 여호와와 예수 하나님이 생명체들을 창조하였다는 주장이고, 진화론은 원인 없이도 결과적인 우주와 생명체가 자연 발생하였다는 주장인데, 아이러니하게도 우주와 생명체를 뚝딱뚝딱 만들었다고 인과법칙 관점에서 주장한 창조론이, 원인 없이도 결과가 존재한다며 과학을 표방하는 진화론보다 더 과학적임을 알 수 있다.

2) 영인의 존재를 부정하는 진화론자들뿐만 아니라 영인의 존재를 인정하는 기독교 신자들마저도 뇌의 물질에서 의식이 발생한다고 주장하는 유물론자들로, 이들은 하나님의 실체를 정확하게 밝힐 능력이 없는 자들이다.

따라서 창조론과 진화론을 추구하는 같은 코드의 유물론자들은 6일 동안에 우주와 생명체들을 창조하였다거나, 자연 발생하여 진화하였다는 비과학적인 결과물을 내놓거나 믿을 수밖에 없는 것이다.

따라서 자신이 어떤 존재인지도 모르면서 생명체 탄생 원인을 밝히는 자체가 허구적일 수밖에 없고, 생명체 탄생보다 더 앞선 시기의 우주 탄생 원인을 밝히는 문제는 더욱 불가능할 것이며, 더 앞선 시기부터 존재하시는 하나님에 대해서는 논의 자체가 불가능한 것이다.

3) 창조론을 바탕으로 심판이라는 독재의식과 원죄라는 죄의식을 사이비 종교로부터 전수받은 기독교와 이슬람교 신자들은 그동안 적극적으로 보호되어야 할 민주 시민들과 어렵게 살아가는 사회적 약자들에게 불신자라는 죄목을 붙여 심판하는 악의 무리들이었으며, 다윈으로부터 약육강식의 의식을 전수받은 진화론자들은 기독교와 이슬람교의 '만들어진 사이비 신'을 관찰하면서 참사랑의 실체적 하나님에 대하여 '만들어진 신'이라거나 또는 '신은 죽었다'고 비아냥거리며 자신들의 실체적 하늘 부모님을 비방해 왔던 자들이다.

6 교배를 통해서는 종의 변화가 없다

1) 교배를 통해서는 종이 변화되지 않는다는 내용은 이미 과학으로 검증되었으므로, 교배를 전제로 종이 변화되었다고 주장하는 자들은 사이비 과학자들이라 볼 수 있다.

따라서 같은 종끼리 교배를 통해서는 품종의 변화일 뿐이므로 교배를 통하여 종이 변화된다고 주장하는 것은 멘델의 유전법칙에 반하는 주장이다.

다양한 품종의 개(犬)들을 형태적으로 분류해 놓고 다른 종으로 관찰하거나, 프세발스키 야생말과 일반 가정에서 사육되는 말은 형태적으로는 비슷하지만 염색체 수가 다르므로 다른 종임에도 외형만을 육안으로 관찰하여 말이라는 이름을 부여하여 야생말이라고 부르는 행위를 통하여 무지한 인간들은 같은 종의 다른 품종으로 인식하게 된다.

  그것은 마치 갈라파고스 제도에서 다른 종의 핀치새인지, 같은 종
으로서 다른 품종의 핀치새인지 여부에 대하여 염색체 수를 정확하게
확인한 후 종을 구분하지 않고, 육안으로 관찰하여 부리가 다르게 진
화하였다거나 다른 종의 핀치새로 진화하였다고 주장하는 행위는 비
과학적 관찰인 것이다.

  2) 이종 간의 교배를 통해서는 다른 종으로 진화할 수 없다는 것은
이미 과학적으로 검증되었다. 비슷한 모양의 핀치새라 하더라도 교
배가 불가능하다면 다른 종의 핀치새임에도 외형이 비슷하다고 해서
같은 종을 의미하는 핀치새라는 이름을 부여하여 부르는 것은 잘못되
었다.

  다윈은 염색체 수를 관찰하여 새로운 종과 이름을 부여하여 불러야
하는데도, 그렇지 못한 우를 범하고 말았다. 다윈의 잘못된 주장을
과학자들이 바로잡았어야 했는데, 그리하지 못했다.

7 형태분류학은 비과학이다

  1) 진화 과학자들은 그동안 유전자 분석을 무시하고 형태학적 분류
를 통하여 서서 돌아다닐 수 있고 인간 형상과 많이 닮은 원숭이와
침팬지를 인간과 같은 부류의 동물로 관찰하고 인간 부류라는 의미가
담겨 있는 유인원으로 분류해 놓고 침팬지가 인간으로 진화하였다고

주장하고 있다.

2) 그렇다면 말과 소와 고래를 진화론 관점에서 관찰한다면 말과 소가 육지에서 네 다리로 걸어 다니므로 형태가 비슷하여 같은 계통으로 관찰하여야 옳을 것이고 고래는 해상에서 지느러미로 헤엄치며 살아가므로 어류 계통으로 관찰해야 진화론과 부합한 관찰일 것이다.

유전학으로 볼 때 소와 고래가 소와 말보다 계통이 더 가깝다고 한다면 형태분류학을 추구하는 진화론은 근본적으로 잘못된 이론임을 의미하는 것이다.

따라서 진화론자들은 그동안 천태만상의 동식물들을 형태학적으로 분류해 놓고 진화론 관점에서 관찰하며 진화론이 옳다는 주장을 되풀이하고 있었는데 근본적으로 잘못된 관찰이라 본다.

8 잉태 시에 종과 형상이 결정된다

1) 잉태 시에 종과 형상이 결정된다는 의미는 지상에서 존재하는 모든 생명체들은 생명체가 발생한 후 후천적으로 진화하여 새로운 종이 형성되는 것이 아니라, 부모의 사랑에 의하여 잉태 시에 선천적으로 종과 형상이 결정된 후 성장하여 성체가 되는 것을 의미한다.

따라서 최초의 생명체로부터 지상에 존재하는 모든 생명체들은 각 세대마다 부모에 의하여 잉태 시에 종과 형상이 선천적으로 결정된 후에 후천적으로 각각 성장하였으므로 후천적 획득형질에 의하여 진화한다는 표현은 옳지 않은 것이다.

이종 간에는 원칙적으로 교배가 안 되지만, 계통이 가까운 종끼리는 염색체 수가 다르더라도 예외적으로 수정이 되어 2세가 태어나는 경우가 있는데, 그렇게 태어나는 2세는 번식이 불가능하므로, 결국 교배를 통해서는 품종의 변화만 있을 뿐 종이 변화되지 않는다는 이론은 과학으로 검증된 불변의 이론이다.

그러함에도 교배를 통하여 종이 변화된다는 주장을 반복적으로 행하는 진화론자들이야말로 독재 정치인들의 지배이론을 합리화하고, 인류를 약육강식 의식으로 살아가게 만들려는 고의적인 행동으로 볼 수 있으므로, 진화론자들이 가해자 지위를 모면하기 위해서는 다양한 가설들을 최소한 객관적인 관점에서 교육하든가, 교배 또는 격리를 통하여 종이 변화된다는 내용을 과학으로 입증한 후 진화론이 옳다고 교육해야 할 책임이 있는 것이다.

2) 모든 동식물들은 최초 출현한 생명체로부터 발생하였으므로 식물 종의 분화 원리는 동물 종의 분화 원리와 같다.

예를 들면, 교배를 통하여 종이 변화된다면 사과나무는 꿀벌이나 나비와 같은 곤충들에 의하여 수박이나 참외와 같은 이종 간의 교배가 끊임없이 이뤄지고 있으므로 사과나무에 수박이나 참외가 달리거나, 중간 형태의 과일이 달리는 형태로 종이 변화되어야 할 것이다. 그러나 사과나무는 같은 종의 배우자만 받아들여 인간들이 관측한 이래 한 건의 예외 없이 사과나무에는 사과 열매만 달린다.

이러한 사례들을 통하여 식물들까지도 동물들과 마찬가지로 같은 종의 배우자만 받아들이고 이종 간에는 교배가 이뤄지지 않는다는 사실을 알 수 있으므로, 식물이든 동물이든 간에 교배를 통해서는 종의 변화가 없다는 사실을 입증하는 사례들이다.

3) 종의 개념은 교배를 통하여 지속적으로 부모와 닮은 후손을 번식할 수 있어야만 같은 종을 의미한다.

진화론의 주장대로라면, 개는 과거에 야생 늑대였으므로 인간에 의하여 오랜 기간 동안 품종 개량되어 수만 년 동안 개라는 이름으로 살아왔기 때문에 염색체가 다르게 변화되어 늑대와 개는 교배가 불가능한 다른 종으로 진화되었어야 한다. 그러나 염색체 수에는 변화가 없고 교배가 가능하여 같은 종이므로, 같은 종의 명칭을 부여하고 늑대 품종 또는 개 품종으로 불러야 할 것이다.

앞에서 지적하였듯이 형태적으로 비슷한 프셰발스키 야생말과 가정에서 사육되는 일반 말은 염색체 수가 각각 66개와 64개라면 형상은 비슷하더라도 전혀 다른 종으로 봐야 한다. 따라서 새로운 이름을 부여하여 종을 구분하여야 함에도 같은 종을 의미하는 말이라는 이름을 부여해 놓았다. 이는 마치 침팬지를 인간과 같은 부류의 생명체임을 연상케 하는 유인원이라는 이름을 부여하고 침팬지가 인간으로 진화하였다고 주장하는 행위와 다름없다.

프셰발스키 야생말을 잡아다 길들여 사육하는 과정에서 염색체 수

가 변이하여 현대의 말로 진화하였다는 진화론자들도 있는데 모두 잘
못된 주장이다.

일부 가까운 종에서 이종 간의 교배가 이루어져 라이거나 노새와
같은 2세가 태어나기도 하지만 그 2세는 번식이 불가능하므로 교배
를 통해서는 종의 진화가 없는데도, 교배 또는 자연선택과 같은 후천
적 획득형질을 원인으로 종이 진화한다는 관점에서 교육이 이루어지
고 있다.

담배꽁초를 공공장소에 버리는 자들에게 10만 원의 벌금을 부과하
여 질서를 바로잡듯이, 창조론, 진화론과 성장론을 포함하여 객관적
으로 가르치지 않거나, 창조론 또는 진화론이 비과학이 내포된 가설
임을 본서를 통하여 알면서도 옳다는 관점에서 직, 간접적으로 학생
들을 세뇌시킨다면 세뇌할 때마다 벌금을 부과하면 확실하게 바로잡
을 수 있을 것인데 그렇지 못한 현실이 너무나 안타깝다.

식물이든, 동물이든 부모의 사랑에 의하여 부모와 같은 종이 결정
되면 기후와 환경의 변화에 의하여 종 자체 내에서 강한 품종만 살아
남는 형태로 품종개량이 이뤄질 뿐 어떠한 경우에도 종이 변화되지
않는다는 사실을 알아야 한다.

4) 그렇다면 진화론자들이 교배를 통해서는 종의 변화가 없다는 사
실을 알았거나 알 수 있었음에도 불구하고 이와는 반대로 교배를 통
하여 종이 변화된다는 주장을 반복적으로 해오고 있는 것이다.

창조론자들과 진화론자들은 도깨비 방망이를 들고 다니는 하나님

이 방망이를 휘둘러 성체의 생명체들을 창조하였다는 창조론을 믿거나, 자연선택이라는 도깨비 방망이를 휘둘러 물질이 자연 발생하여 우주와 생명체가 출현하거나 수많은 생명체들로 진화하였다는 진화론을 믿든지 둘 중의 하나를 선택하여야 하는 진퇴양난에 빠져 있다.

5) 다양한 종의 원숭이들은 형상은 비슷하지만, 꼬리가 있는 원숭이 종과 꼬리가 없는 원숭이의 종이 있고, 꼬리를 손잡이로 사용할 수 있는 원숭이 종도 있다.

이들은 형태가 비슷하여 같은 종으로 보일 수 있어도 교배가 불가능하므로 종 자체가 다르다.

종이나 형상은 모태에서 잉태 시에 결정된 후에 여러 형태의 변이를 거치며 성장하여 종 본연의 형상을 갖춘 후 태어나서 성체로 성장하므로, 성장 과정에서 꼬리의 유무, 또는 꼬리를 손잡이로 사용할 수 있는지의 여부가 후천적으로 결정되는 것이 아니라 수정 시점에 결정되며, 먹이의 습득이나 지형지물 또는 기후와 환경에 적응하기 위하여 후천적으로 습득하여 살아가는 부분도 있지만 선천적인 마인드로 살아가고 있다는 사실을 알아야 할 것이다.

동물들은 잉태 시에 정해진 종과 형상으로 태어나 선천적인 마인드와 후천적으로 습득한 지식으로 환경에 적응하며 살아갈 수 있었다.

6) 염색체 이상으로 한 몸체에 머리가 두 개 달린 거북이와 뱀이 가끔 발견되는데, 진화론의 논리가 옳기 위해서는 돌연변이로 머리가

두 개 달린 거북이와 뱀이 태어났다면 지속적으로 같은 형상의 후손을 번식하여야 함에도 2대 이상 번식은 불가능함으로 이는 염색체 이상이나 돌연변이로 태어나는 생명체들은 2세를 번식하지 못한다는 의미가 내포되어 있으므로, 동 사례를 통해 한번 결정된 종은 어떠한 경우에도 다른 종으로 진화하지 못한다는 사실을 알 수 있는 것이다.

7) '종의 기원'에서 '작은 개조가 수없이 거듭되는 것만으로도 결코 만들어질 수 없는 어떤 복잡한 기관이 존재하는 것이 증명된다면 본인의 진화론은 붕괴할 것이다.'라는 다윈의 주장은 마치 점쟁이가 다양한 해석이 가능한 두루뭉술한 점괘를 만들어 놓고 상황에 맞게 둘러대는 행위와 엇비슷한데, 이는 마치 '십계' 영화에서 나오는 한 장면과 같이 수많은 프레임들을 조작하여 지팡이가 뱀으로 변하는 모습을 만들어 놓고 모세가 던진 지팡이가 뱀이 되었다고 주장하는 것과 비슷하다.

리처드 도킨스는 생명체 진화와는 전혀 상관없는 자동차와 비행기, 컴퓨터나 로봇과 같은 인간들이 만든 작품들과 사회현상들까지도 다윈의 진화이론에 맞게 진화되었다면서, 다윈의 주장이 붕괴할 만한 현상들은 아직까지 발견하지 못하였으므로 진화론이 옳다는 주장을 반복하며 인류를 기망하고 있다.

8) 리처드 도킨스 역시 눈먼 시계공(자연선택)일수록 시계를 더 잘 고친다는 형태의 억지 주장으로 인류를 기망하고 있었는데, 이는 다

원을 신봉하는 맹신자들의 일방적인 항변일 뿐이고, 사이비 종교의 맹신자들이 침략적 종교를 평화의 종교로 둔갑시켜 놓고 사이비 교주를 추종하는 신자들과 한 치도 다르지 않다고 본다.

9 염색체와 유전자는 각 동식물의 설계도

1) 인간의 경우 염색체 수는 46개인데도 환경의 오염이나 이상 현상으로 염색체 수가 45개인 터너 증후군이나, 염색체 수가 47개인 클라인펠터 증후군으로 태어나는 경우가 있는데, 여기에서 염색체의 이상에 의하여 장애인으로 태어날 수도 있다.

또한 침팬지와 원숭이는 염색체 수가 각각 48개와 54개로서 인간보다 많고, 토끼는 44개로서 인간보다 적으며, 침팬지와 감자의 염색체 수가 48개로 같은데, 동식물들의 염색체 수가 많거나 적다고 해서 어느 종이 진화되었다거나 또는 퇴화되었다고 주장할 수 있는 것은 아니다.

2) 종합적으로 관찰하면 유전자와 염색체 또는 DNA를 통하여 처음부터 종과 형상이 결정되어 있었고 수많은 동식물들과 총체적으로 연결되어 있다는 사실을 알 수 있는 것이다. 염색체 이상으로 태어난 생명체들은 후손을 번식하지 못하므로, 돌연변이와 같은 염색체 이상을 통해서는 종이 진화하는 것이 아니라 퇴화한다는 사실을 알 수 있다.

10 물질의 진화를 주장하는 진화론자

1) 최초 생명체로부터 발생한 모든 동식물들은 종과 형상의 차이만 있을 뿐 생명체의 작동 원리는 모두 같다.

따라서 최초 출현한 생명체를 알기 쉽게 짚신벌레라고 가정한다면, 짚신벌레가 생명체로 살아가기 위해서는 서로 다른 기능을 담당하는 수많은 장기가 처음부터 결합되어 유기적으로 작동되어야 하며, 더 나아가 육체에 생명이 깃들어야 짚신벌레라는 생명체로 살아갈 수 있을 것이다.

진화론자들의 주장을 관찰하면 최초 출현한 생명체가 그동안 단백질과 같은 물질이 진화하여 다양한 기능의 장기를 갖춘 짚신벌레 몸체가 만들어진 것은 당연하다는 것을 전제한 이후 화학작용을 통하여 생명이 깃들었다고 주장하고 있다.

2) 진화론자들이 진화론을 주장하는 배경에는 오파린과 같은 원시 과학자가 '생명의 기원'을 통하여 긴 세월에 걸쳐서 무기물이 화학 진화를 통하여 유기물로 진화하였다는 추측 형태의 주장에서 비롯되었다.

이러한 주장들을 바탕으로 밀러는 원시 상태의 무기물이 유기질로 진화하였다고 주장하였고, 폭스는 실험을 통하여 생명체의 원인이 되는 단순한 유기물에서 고분자 유기물이 생성되었다며 진화론자들이 주장하는 자연발생설을 추론할 수 있는 결과물을 내놓았다.

이들의 관찰은 생명체들이 살아갈 수 있는 환경의 변화에 대한 관찰일 뿐이지만, 이러한 내용들을 바탕으로 물질이 진화하여 생명체가 출현하였다는 관점에서 진화이론이 확립되었는데, 진화론자들은 비과학적 관점에서 만들어진 이러한 수많은 가설들을 인용하여 생명체들이 자연 발생하였다고 주장하고 있다.

3) 진화론자들은 위와 같은 연구 결과물을 바탕으로 고분자 유기물이 진화하여 원시 생명체가 출현하였고, 원시 생명체로부터 무기 호흡하는 종속영양생물로 진화하였으며, CO2가 증가함에 따라 종속 영양생물에서 독립 영양생물로 진화하였고, 산소가 증가함에 따라 유기 호흡하는 영양생물로 진화하였다며 물질의 진화를 주장하면서도 다른 한편으로는 현재까지도 생명체 진화론을 부르짖고 있다.

진화론자들은 이러한 물질의 진화를 통하여 원핵생물에서 원생생물로, 원생생물에서 다양한 식물과 동물로 진화하여 각종 동식물들이 지상에 출현하였다고 주장하고 있다.

오파린·밀러 또는 폭스의 주장들은 수많은 미생물들이 자연 발생한다는 것이다.

그러함에도 진화론자들은 그동안 지상 곳곳에서 수많은 생명체들이 자연 발생하였다는 관점의 밀러와 폭스의 주장을 인용하여 진화론을 주장하면서도 지상의 모든 생명체들은 최초에 출현한 오직 하나의 생명체로부터 진화하였다는 이율배반적인 주장을 펴고 있다.

오파린 · 밀러 또는 폭스와 같은 원시 과학자들의 연구 내용을 받아들여 진화론을 주장할 것이 아니라, 즉시, 파스퇴르가 실험한 결과물을 받아들여 미생물들은 자연 발생할 수 없다고 주장해야 옳다고 본다.

원시 종교인들과 원시 과학자들의 주장을 계승 발전시킨 창조론과 진화론에만 매달리지 말고 이제는 성장론을 통하여 정답을 찾아야 할 때이다.

다행스러운 것은 진화론의 주장이 성장론의 주장과 일치하는 부분이 있는데, 이것은 지상의 모든 생명체들이 한 생명체로부터 발생하였다는 주장으로, 만일에 수많은 생명체들이 자연 발생하여 수많은 종의 생명체로 각각 별개로 진화하였다고 인류를 세뇌시켜 놓았다면 이러한 주장 자체를 바로잡는 것도 어렵기 때문이다.

4) 물질이 생명체의 모형으로 결합되었다거나 결합된 물질이 진화하여 각종 장기가 발생한 후 생명체로 변화되었다는 주장 자체도 비개연적인 주장이다.

진화론자들의 주장은 결국 물질이 우연하게 결합하여 곰 형태가 만들어지면 곰 모형 내에 장기들이 저절로 발생된 후 화학작용을 통하여 생명체로 살아간다거나, 또는 체내에 장기들이 존재하지 않더라도 곰 모형에 생명이 부여되어 후손을 번식하며 살아간다고 주장하는 형태이다.

기독교와 이슬람교가 창조론을 표방하며 신자들을 구속하고 있다. 이럴 때 도킨스와 같은 과학자들이 올바른 의식구조를 가졌다면, 창조론을 과학적으로 검증하여 사이비 종교 이론을 퇴출시켜야 했다.

5) 생명체가 형성될 수 있도록 역할을 하는 수많은 기능의 장기가 유기적으로 작동되지 않는다면 생명체 존재 자체가 불가능할 것이다.

그렇다면 진화론자들은 물질들이 어떠한 진화 과정을 거쳐 수많은 장기들이 만들어졌는지, 또는 장기가 없는 물질에 어떻게 생명이 부여되어 최초의 생명체가 출현하게 되었는지를 누구나 납득할 수 있도록 밝혀야 하며, 물질의 진화 과정을 정확하게 밝히지 못한 상태에서 진화론을 부르짖는 것은 대충대충 생명체들을 창조했다는 창조론을 부르짖는 종교지도자들과 한 치도 다르지 않다고 본다.

6) 진화론자들은 생명과 물질을 두루뭉술하게 관찰하고 있었기 때문에 종이 변화되는 진화 과정에서 장기들이 필요할 때마다 하나씩 추가하여 발생하는 외형적인 진화뿐만 아니라 생명체 내부에 존재하는 장기들까지도 단순한 기능의 장기에서 첨단 기능의 장기들로 각각 진화하였다고 주장할 수밖에 없었다.

필요에 의하여 장기가 발생하고 필요하지 않게 되어 장기가 퇴화되었다는 주장은, 수많은 부품으로 이뤄진 기계가 연동되어 작동하므로 심장과 같은 한 개의 부품이라도 처음부터 존재하지 않거나 역할을 달리한 수많은 새로운 장기들이 발생하여 유기적으로 작동되지 않는다면 최초의 생명체뿐만 아니라 새로운 종들은 처음부터 출현할 수 없을 것이다.

그러함에도 필요에 의하여 장기들이 후천적으로 발생할 때마다 기존 장기들과 연동되어 유기적으로 작동되었다거나, 어느 장기가 퇴화되어 기능이 작동될 수 없어도 기존 장기들이 유기적으로 연동되어 작동되었다는 주장을 종합적으로 관찰한다면 최초의 생명체는 진화론을 통해서는 출현할 수 없다는 결론을 도출할 수 있다.

7) 진화론자들의 논리대로라면 진화론을 부정할 만한 대안이 없으므로, 진화론이 정답이라는 주장을 펴왔는데, 그렇다면 최초 생명체로부터 지상에 존재하는 생명체들은 부모에 의하여 잉태 시에 선천적으로 종이 결정되었고 수많은 대가 이어져 왔다면 최초의 생명체는 하늘 부모님에 의하여 탄생되었다는 성장론이 올바른 가치관이므로, 이제는 성장론을 대체할 새로운 대안이 나올 때까지는 성장론을 적극적으로 공교육에 반영해야 옳을 것이다.

따라서 양심 있는 과학자들이라면 창조론, 진화론과 함께 새롭게 밝힌 성장론을 집중적으로 연구하여 과학적 검증을 통하여 정답을 찾기 바란다. 근본적인 것은 인류가 존재하게 된 원인을 밝히는 것이고, 원인을 알아야만 인류가 어떻게 살아갈 것인가 하는 삶의 목적을 알 수 있기 때문에 생명체가 출현하게 된 근본 원인을 밝히는 데 최우선 목표를 두어야 하고, 자신의 전공 분야가 성장론과 조금이라도 관련이 있는 과학자들이라면 다각적 관점에서 성장론을 검증하기 바란다.

11 화석에서 미토콘드리아를 추출했다는 진화론자

1) 모계의 유전은 미토콘드리아를 통하여 유전되므로 진화론자들이 수백만 년 된 루시의 화석에서 채취한 미토콘드리아를 조사해 보니 아프리카에서 인류가 출현하여 세계 각지로 퍼져나갔다고 주장하고 있다.

초기 인류의 이동 경로를 정확하게 밝히려면 상식적으로 생각해 보아도 세계 곳곳에서 다양한 인류의 화석들을 발굴하고, 발굴된 화석에서 미토콘드리아를 추출한 다음, 화석들의 선후 관계를 확인한 후 인류의 이동 경로를 밝힌 이후에 진화론이 옳다고 주장하는 것이 올바른 태도일 것이다.

2) 진화론을 주장하는 과학자들은 아프리카에서 발견된 루시의 화석에서는 미토콘드리아를 추출하지 못하였다.

그러함에도 세계 각 지역에서 살아가는 147명의 현대 여성들을 모집하여 미토콘드리아를 조사한 후, 루시의 화석과 연관시켜 설명하면서 루시의 화석이 인류의 조상임을 밝혀냈다고 주장한다.

인류의 조상 루시가 아프리카에서 출현한 이후 그의 후손들이 세계 각지로 퍼져 현생 인류로 살아가고 있다고 인류를 기망하면서, 진화론이 옳다는 주장을 되풀이하고 있었는데, 이와 같은 주장들은 진화론을 진리의 가치관으로 왜곡시키는 수많은 주장 중 하나로, 반드시 사실관계를 밝혀야 할 것이다.

왜냐하면 과학자들의 왜곡된 주장들에 의하여 의식이 형성되어 가는 어린 학생들은 진화론을 확신하고 약육강식의 의식으로 피폐한 삶을 살아갈 수밖에 없기 때문이다.

12 자신의 부모를 부정하는 진화론자

1) 자기 부모가 존재하기 때문에 자신이 존재하게 되었다는 사실 자체도 무시하는 진화론자들이기 때문에 마치 무인도와 같은 곳에서 홀로 살아가는 고아의 입장에서 자신의 조상이 미생물에서부터 수많은 종을 뛰어넘는 진화와 함께 침팬지에서 인간으로 진화하여 살아가고 있다고 믿는 형국이다.

인간들은 욕심의 의식으로 살아가는 과정에서 3차원 의식이 각인되어 있으므로, 4차원적인 원인적인 부분을 상상할 수가 없었고, 눈에 보이는 껍데기와 같은 현상 세계를 본질의 세계로 관찰할 수밖에 없었다.

2) 3차원 의식구조의 인간들로서는 수많은 종의 생명체들이 각각 부모의 모습을 닮아 태어난 상황만 인지하고 있으므로 하나님이 지상의 수많은 종의 생명체들을 함께 잉태하신 내용은 상상하기 어려운 것이다.

인간들은 부모가 누가 보지 않는 사이에 자신을 완벽하게 빼닮은 자녀의 눈, 코, 입, 귀를 만들어 조립하거나, 신통력을 발휘해 생각하고 살아 움직이는 생명체를 만들지 않았다는 사실이 세뇌되어 각인된 상태이고, 현재 존재하는 생명체들이 당연하게 존재한 것으로 관찰할 수밖에 없으므로, 자신들의 의식구조에 맞게 원인 관점에서 관찰하여 창조론을 만들거나, 결과 관점에서 관찰하여 진화론이라는 결과물을 만들 수밖에 없었으며, 이러한 가치관들을 신앙 차원에서 답습하고 있어 자신이 믿는 가치관만 옳다고 주장할 수밖에 없었다.

3) 부모의 사랑을 통하여 잉태된 자녀들은 부모의 유전인자를 선천적으로 이어받으므로 부모의 다양한 부분을 닮은 자녀가 탄생되듯이, 최초 출현한 생명체도 부모의 유전인자를 선천적으로 이어받았으므로 하늘 부모님의 다양한 모습을 닮은 생명체로 성장할 수 있었다.

지상의 수많은 종의 동식물이 지상의 열악한 환경을 극복하고 자율적으로 성장하였는데, 과학의 발전과 더불어 인간들의 의식이 향상된 현 시대에도 참사랑의 본연의 인간으로 살아가지 못하고, 생존경쟁 과정에서 터득한 욕심의 심성으로 동물 인간의 삶을 살아가고 있다.

13 모든 생명체들은 부모가 잉태하였다

과학적 지식도 없는 무지한 부모가 자신을 닮은 가장 아름답고 신비한 자녀들을 어떻게 만들었을까?

부모가 자신들을 닮은 정교한 부품들을 설계하여 만들고 조립하여 자녀들을 만들었을까?

부모가 사랑한다면 자녀를 어떻게 만들 것인가 신경 쓰지 않아도 부모를 빼닮은 가장 예쁜 자녀가 어머니 모태에서 잉태된 후 약 10개월 동안 성장한 후에 부모의 다각적인 모습을 빼닮은 자녀들이 태어난다.

최초 생명체도 지상의 부모들과 마찬가지로 하늘 부모님의 참사랑에 의하여 탄생되어 하나님의 다각적인 모습을 빼닮은 생명체들로 성장한다.

14 말의 진화를 주장하는 진화론자들

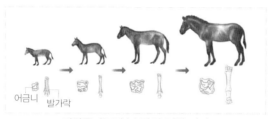

진화론자들이 본 말의 진화 과정

1) 진화론자들은 6,000만 년 기간 동안 살아왔던 말들의 화석을 나열해 놓고, 진화이론에 대입하여 관찰하고 있었는데, 진화론을 바로잡기 위해서는 발견된 화석들을 정확하게 관찰하여 진화 과정인지 성장 과정인지를 밝혀야 하고 성장 과정이 옳다면 지금까지 행하여 왔

던 진화론에 대한 교육은 잘못된 교육임을 의미하므로 이제부터는 성장론에 대한 교육을 공교육에 적극적으로 반영하여야 할 것이다.

그렇다면 말의 변천 과정을 정확하게 관찰해 보도록 하겠다.

2) 위 그림에서 진화론자들은 좌측의 약 6,000만 년 전에 살았던 말부터 우측의 현재 살아가고 있는 말들의 화석을 나열해 놓고 좌측의 소형 말에서 우측의 대형 말로 진화하였다는 관점에서 관찰하고 있었으나, 성장론은 분화 과정을 거쳐 종이 결정된 이후에 각각 성체로 성장하는 과정에서 나타나는 지엽적인 문제라는 관점이다.

3) 인간의 성장 과정을 관찰하면 어머니 모태에서는 거머리와 같은 형상으로 태반에 붙어 있다가 양서류와 같이 꼬리가 발생한 후 네 개의 팔다리가 발생하는 등 수많은 변이를 거치며 인간 형상을 갖춘 후 태어나 성체의 인간으로 성장하게 된다.

그렇다면 모태에서 성장하는 인간의 태아가 올챙이와 같이 꼬리가 달린 양서류의 형상이라 하더라도 인간으로 성장하는 성장 과정에서 나타나는 현상이므로, 성장 과정에 있는 꼬리가 달린 태아의 유전자와 성장이 완료된 성체가 된 인간의 유전자가 각 프레임마다 다를 수는 있겠지만 전체적으로 관찰하면 꼬리가 달린 태아를 성장 과정의 인간으로 관찰해야 옳을 것이다.

성장 과정의 인간 태아라면 어류 또는 양서류 형상이더라도 인간의 성장 과정에서 나타나는 현상으로 관찰해야 옳음에도, 진화론자들은 그동안 인간들이 성장하는 성장 과정의 각 프레임을 관찰하며 바다에서 살아가는 어류로 관찰하거나 양서류로 관찰하였던 것이다.

진화론자들은 일생 동안 동식물들의 성장 과정의 수많은 프레임 중 한 부분을 연구하여 진화론을 주장하고 있었으므로 동식물들이 오랜 기간에 걸쳐 서서히 성장이 이뤄진 성장 과정은 상상할 수도 없어, 지상에서 활동하고 있었던 생명체 종들이 멸종되었다면 멸종되지 않은 다른 종의 생명체로부터 종을 뛰어넘는 진화가 이뤄진 것으로 보았다.

진화론자들은 환경의 변화로 지상이 동토가 되거나 혜성의 충돌로 대멸종이 여러 차례 반복된 점에 힌트를 얻고 멸종되지 않은 성체의 생명체로부터 새로운 종의 성체의 생명체로 진화한 것으로 관찰하고 있었으므로 물고기에서 양서류로, 양서류에서 파충류로, 파충류에서 조류와 포유류로 진화되었다는 관점에서 진화이론이 정립될 수밖에 없었으며, 이렇게 정립된 진화이론이 공교육을 통하여 인류의 의식 속에 신앙 차원에서 각인되었다.

따라서 위의 말들을 올바르게 관찰하려면, 성장 과정의 말들로 관찰하는 것이 옳다고 본다.

4) 진화론자들은 말과 당나귀는 인간과 침팬지와 같이 많이 닮아 있지만 이종 간에는 교배를 통해서는 번식이 불가능하므로, 인간과 침팬지가 종 자체가 다른 것과 같이, 말과 당나귀도 종 자체가 다르므로, 처음부터 각각 다르게 성장한 사실을 알 수 있을 것이다.

진화론자들은 그동안 당나귀의 형상이 말의 형상과 비슷하다고 하여 염색체 수가 62개인 당나귀가 자연선택 또는 돌연변이를 통하여 염색체 수가 64개인 말로 진화되었다고 주장한다면, 검증된 과학과는 상반된 주장이다.

그러나 성장론은 종의 분화가 완료된 생명체들이 각각 별개로 성장하여 성체가 되었다는 주장이므로, 지상의 생명체들이 멸종되었다 하더라도 분화가 완료된 같은 종이 지구상에 미생물 상태로 생명을 유지하고 있다가 다시 성장하여 같은 종이 출현하였다는 이론으로, 객관적으로 보아도 실체적 관계와 가장 부합한 이론으로 볼 수 있다.

따라서 위 그림 좌측의 성장 과정에 있는 약 6,000만 년 전에 살았던 작은 말과 우측의 현대에 살아가는 큰 말이 유전자와 염색체가 같다면 품종의 차이만 있을 뿐 같은 종의 말들로 볼 수 있는 것이다.

진화론자들은 당나귀 화석을 말의 화석이라고 주장할 수도 있을 것이고, 말과 염색체가 다른 프셰발스키 말의 화석을 놓고 말의 화석이라고 주장을 할 수도 있을 것이며, 대형 품종의 말도 있고 피그미 품종의 말도 있을 것이므로 유전자 검사도 하지 않은 화석을 나열해 놓고 진화론 관점의 관찰을 통해서는 정확한 정답을 찾는 것과는 거리가 멀다고 본다.

위 그림들이 말의 화석들이 옳다면 좌측 그림의 작은 말과 우측 그림의 현재 살아가고 있는 말은 교배가 가능한 같은 종의 말들을 의미하므로 성장하였다는 표현이 옳지만, 당나귀 종에서 말의 종으로 진화되었다는 주장이라면 이는 잘못된 표현이다.

5) 화석을 근거하여 복원된 위의 말들은 약 6,000만 년 전에 살았던 말부터 현대에 살아가는 말에 이르기까지 오랜 기간에 걸쳐 진화되었다는 관점에서 나열된 말들이지만 큰 틀에서 관찰하면 외적인 형상만 커졌을 뿐 근본적으로 달라진 것은 거의 없으므로, 이러한 형태의 변이는 성장 과정에서 나타나는 변이로 볼 수 있으므로, 오랜 기간 동안 교배를 통하여 후손을 번식하였고, 극한의 환경에서 살았으면서도 6,000만 년 동안 종이 변화되지 않았으므로 위 그림을 관찰한다면 환경의 변화를 통해서는 종이 변화되지 않는다고 관찰하는 것이 올바른 관찰이기 때문에 진화한 것이 아니라 성장하는 과정에서 나타나는 현상이라고 관찰하여야 올바른 관찰이다.

6) 도킨스의 주장대로 금고 다이얼을 돌려 금고가 열릴 수 있는 확률로 종이 변화되는 진화가 진행된다면 자연 발생한 미생물이 진화하여 비행기 모형의 생명체도 출현할 수 있다는 형태의 주장을 펴왔는데 도킨스가 주장하는 논리를 살펴본다면 종이 결정된 이후 말들의 어금니와 발굽만 발달하는 데 약 6,000만 년의 기간이 소요되었다면, 생명체들의 수많은 장기들이 필요에 의하여 하나씩 늘어나는 진화가 이뤄져야 하고 또한 미생물에서부터 말의 형상으로 진화하는 데는 수많은 단계와 시행착오를 거쳐야 할 것이므로 6,000만 년 보다 최소한 수십만 배의 기간이 소요될 것인데, 지구의 나이는 약 46억 년에 불과하고 생명체가 정상적으로 정착하여 성체로 살아갈 수 있는 환경은 불과 5억 년에 불과하며, 그것도 대멸종이 수차례 발생하였으

므로 몇백 년 또는 몇천 년의 짧은 기간 동안의 진화를 통해서는 지상의 생명체들이 출현할 수 없다는 결론에 이른다.

더욱이 화석을 통하여 드러난 동물들 중 삼엽충과 투구게와 같이 성체가 된 수생 동물들은 약 5억 년 전에 출현한 것이 확실하므로 화석들이 존재하지만, 약 2억 5,000만 년 전 지층에는 수상이나 육상에서 살아가는 양서류, 파충류, 포유동물들의 화석을 발견할 수 없는 것은 당시에 대멸종이 있었다는 것을 의미할 것이다.

약 2억 5,000만 년 전 대규모의 화산 폭발 등으로 이산화탄소와 메탄가스양이 폭증하여 지상에서 살아가는 모든 생명체들이 전멸하는 대멸종이 있었는데, 진화론자들은 대멸종 이전에는 존재하지 않았던 공룡들이 물리적으로 진화할 충분한 진화기간이 존재하지 않았는데도 약 2억 5,000만 년 전에 공룡들이 출현하였다고 주장하고 있었다. 만일에 진화기간 없이 몇십만 년 또는 몇백만 년의 짧은 기간에 공룡과 같은 다양한 생명체들이 성체로 출현하였다면 진화이론과는 비개연적인 내용일 것이다.

진화이론이 옳기 위해서는 약 2억 5천만 년 전에 지상에서 살았던 대멸종이 이뤄진 이후 어떤 생명체가 진화하여 공룡으로 출현하게 되었는지 진화 과정을 화석으로 입증하여야 할 것이다.

또한, 약 6,500만 년 전 멕시코의 유카탄 반도에 대형 운석이 떨어져 지상에서 살아가는 공룡들과 수많은 종들이 멸종되는 대멸종이 또다시 발생하였는데, 위 그림과 같이 대멸종 이후 500만 년 만에 어류에서 양서류로, 양서류에서 파충류로, 파충류에서 포유류로 진화단계를 거쳐 좌측 소형 말이 출현하였다고 볼 수 있으므로, 좌측에 있는 소형 말이 발가락과 어금니가 조금 진화하는 데 6,000만 년이 소요되었다면 진화이론과는 비개연적이지만 성장론과는 일맥상통한 이론으로 볼 수 있을 것이다.

진화론자들은 멸종 이전에 살아 있었던 파충류로부터 진화하여 파충류에서 포유류로, 포유류에서 인간으로 시행착오 없이 비교적 짧은 기간 동안에 원하는 대로 척척 진화가 이뤄져 지상에 존재하는 다양한 생명체들이 출현하게 되었다는 형태의 주장을 펴고 있다.

그렇다면 위 말의 화석을 관찰하면 6,500만 년 전에 대멸종 이후 500만 년 만에 좌측의 말이 출현한 사실을 알 수 있고, 6,000만 년 동안 어금니와 발굽만 발달했을 뿐 크게 달라진 것이 없는 것을 보면, 진화론자들이 주장하는 말에 대한 진화 사례는 상황에 따라 불신자들을 설득하기 위하여 둘러대는 수많은 비과학적인 사례 중 하나일 뿐이다.

7) 약 2억 5,000만 년 전에 성체로 출현한 공룡들도 진화의 결과물이라면 오랜 기간 동안 진화하였을 것이므로 진화 과정의 화석이 발견되어야 할 것인데 진화 과정의 화석은 한 건도 발견되지 않았고, 과거와 현재에 발견되는 화석들은 성체가 된 화석들만 발견되고 있다.

말하자면 진화론의 논리라면 자연선택을 통하여 원래는 눈이 한 개였는데 두 개로 진화하였다든가 없었던 심장이 발생하였다든가 또는 한 개의 다리에서 두 개 또는 네 개의 다리로 진화하였다는 진화 과정을 거쳐 공룡이 출현하게 되었다는 진화 과정의 화석을 제시하며 진화론이 옳다고 주장해야 설득력 있는 주장일 것이다.

공룡들도 진화의 결과물이라면 당연히 진화 과정의 화석이 발견되어야 하겠지만 성장하였기 때문에 공룡뿐만 아니라 현재 지상에서 살아가는 모든 생명체들은 비교적 짧은 기간에 급성장하여 성체의 각종 동식물들로 살아가고 있으므로 진화 과정의 화석들은 발견할 수도 없었다.

진화론자들이 물고기에서 양서류와 파충류로 진화하였다고 주장하려면 정확한 근거를 제시하며 진화론이 옳다고 주장해야 할 것인데, 2억 5천만 년 전 출현한 공룡들의 진화 과정의 화석은 하나도 발견되지 아니하였는데도, 공룡들이 존재하는 것은 당연한 것처럼 은근슬쩍 넘어가고 천태만상의 종들을 비슷한 종끼리 계통 분류하여 자신들이 만든 진화이론에 대입하고 진화론이 정답이라는 일방적인 주장만을 되풀이하고 있는 것이다.

생명체들은 각종 역할을 담당하는 수많은 장기들이 처음부터 존재하지 않거나, 수많은 장기들이 존재하더라도 같은 기능만 수행한다면 생명체로서의 존재가 불가능할 것이며, 또는 역할을 달리한 장기들이 존재하여도 유기적으로 연동되어 작동되지 않는다면 어떠한 경우에도 생명체 출현 자체가 불가능할 것이다.

최초 출현한 생명체를 자동차에 비유한다면 엔진이나 배터리, 타이어 등 자동차의 각종 기능을 담당하는 수만 가지 부품들이 처음부터 존재하여야 하고, 유기적으로 결합되어 있어야 하는 것은 자동차의 기본적인 조건이고, 운전기사가 탑승한 후 시동을 걸어 운행할 수 있어야만 살아있는 자동차라고 말할 수 있듯이, 같은 원리로 최초 생명체가 출현하려면 처음부터 각각 역할을 달리한 수많은 장기들이 상호 유기적으로 결합되어 있어야 하는 것은 기본적인 조건이고, 모든 기능을 갖춘 생명체 모형에 생명이 깃들어 작동되어야만 생명체라고 말할 수 있을 것이다.

공룡들도 현재 지상에서 살아가는 동물들과 마찬가지로 처음부터 수많은 장기들이 상호 유기적으로 결합하여 생명체로 살아가고 있었고, 생존경쟁을 통해 절대적인 사랑으로 후손을 번식하고 자녀들을 양육하며 각각의 종에 부여된 마인드대로 삶을 살아갈 수 있었다.

8) 지상에 존재하는 모든 생명체들은 단세포의 수정란 내에 종과 각 장기들로 성장할 줄기세포가 내재되어 있어야 하겠지만, 세포 분열 과정과 성장 과정에서도 유기적으로 작동되어야 하며, 장기들의 형태가 갖춰진 후에도 유기적으로 작동되어야만 본래 형상의 생명체로 성장이 가능할 것이다.

진화이론은 단백질과 같은 아무런 생명체를 구성하는 기능도 내재되어 있지 않은 무기물이 유기물로 진화하였다거나 아무런 장기가 내포되어 있지 않은 유기물 덩어리가 진화하여 생명체가 존재하게 되었다는 관점에서 진화이론을 주장한다. 진화론자들은 마치 뭉게구름이 우연하게 뭉쳐 조류의 형상이 만들어지면 뭉게구름이 새가 되어 하늘을 날아다닌다는 형태의 주장을 펴고 있었는데 이는 근본적으로 비개연적인 주장이다.

9) 위 그림에서 모두 말의 화석이 옳다면 최종적으로 종의 분화가 끝난 후 성체로 성장하는 성장 과정에서 나타나는 현상으로 관찰하는 것이 옳다고 본다.

진화론자들이 성장 과정을 진화 과정이라는 관점에서 관찰한다면 겉으로 보기에는 엇비슷하게 보여 착각할 수도 있겠지만 근본적으로 다른 가치관이므로 과학자들은 앞으로 진화론이 옳은지 성장론이 옳은지 사실관계를 밝혀 학생들을 올바르게 계도하여야 할 것이다.

15 핀치새 연구와 완두콩 연구의 진실

1) 무신론 관점의 진화이론을 만든 천주교 신자인 다윈은 갈라파고스 제도에서 잡은 여러 형상의 핀치새를 나열해 놓고 같은 종의 핀치새라는 관점에서 부리들을 연구하여 '종의 기원'을 발표하였는데, 다윈을 추종하는 맹신자들에 의하여 진화이론이 체계화되었고, 체계화된 진화이론을 교육받고 자란 독재 정치인들이 약육강식의 논리로 인류를 지배하게 되었다.

2) 다윈이 1859년에 '종의 기원'을 발표한 직후 천주교 신부였던 멘델이 7년간 연구하여 완두콩의 유전과 관련된 연구의 결과물을 1865

년도에 발표하였는데, 교배를 통하여 종이 변화되는 진화가 아니라 종 자체 내의 변이로써 부모의 유전자를 어떠한 규칙에 의하여 후손에게 물려준다는 종 자체 내의 유전법칙을 발표하였다.

이러한 완두콩에 대한 연구 내용은 발표 당시에는 조명을 받지 못하였으나 20세기에 들어와서 후대 과학자들에 의하여 과학적 검증을 통하여 올바른 연구 내용임이 밝혀졌는데 이것이 소위 멘델의 유전법칙이다.

멘델의 유전법칙은 부와 모의 유전인자를 어떠한 규칙에 의하여 이어받아 자녀들이 태어난다는 것인데, 말하자면 침팬지 종이 인간의 종으로 진화한다는 의미가 아니라, 침팬지의 후손들은 부와 모의 다각적인 형질을 어떠한 규칙에 의하여 태어나 대를 이어 같은 침팬지 종으로 살아가고 있다는 것이다.

다윈이 멘델의 유전 법칙을 사전에 알았더라면 보디빌딩 운동을 통하여 후천적으로 발달된 근육이 후손들에게 영향을 미쳐 근육질의 자녀들이 지속적으로 태어난다는 형태의 용불용설 관점에서 기록된 '종의 기원'을 내놓지는 못했을 것이다.

16 핀치새 연구는 과학을 빙자한 허구

1) 다윈은 '종의 기원'을 통하여 갈라파고스의 핀치새가 먹이에 따라 부리가 다르게 진화하였다고 주장하려면, 몇백만 년 전 갈라파고스의 화산섬들이 출현한 이후 여러 형상의 핀치새들을 섞이지 않게

철저하게 격리시켜 놓고, 각각 다른 먹이를 먹도록 관리하면서 핀치새들을 관찰한 결과물이라면 이를 인정할 수 있을 것이다.

2) 다윈이 갈라파고스 제도인 화산섬들이 출현한 이후 수백만 년 동안 핀치새들이 아메리카 대륙에서 지속적으로 날아와 정착하게 된 과정은 덮어두고, 진화론의 틀을 만들어 놓고 5년 동안 채집한 핀치새들의 부리를 진화론의 틀에 대입하여 관찰하며 후천적 획득형질을 얻어 부리가 다른 품종으로 진화되었거나 다른 종의 핀치새로 진화되었다며 용불용설 관점에서 '종의 기원'을 집필하였다.

3) 지금부터 다윈이 행한 핀치새 연구에는 어떠한 점이 문제가 있는지 살펴보고자 한다.

첫째, 핀치새라는 표본 자체가 근본적으로 잘못되었다.

모세가 지상에서 살아가는 다양한 종을 관찰하며 선대로 계속 거슬러 올라가다 보면 각각 한 쌍의 조상이 존재할 것으로 가정하였다.

모세는 인간들을 관찰하며 최초에 한 쌍의 인간 조상을 여호와 신이 창조한 것으로 가정하였고 최초의 한 쌍을 아담과 하와로 명명하고 아담, 하와가 창조될 당시 상황과 창조주와 아담과 하와가 주고받은 이야기들을 현장 중계하듯 구약성경에 기록해 놓았는데, 창조론을 믿는 자들에게 아담, 하와가 인류의 조상이라는 증거를 내놓으라 하면, 성경을 제시하면서 성경은 하나님의 계시에 의한 말씀의 기록이므로 아담, 하와는 최초에 창조된 실존 인물이라며 성경을 들먹이며 강변하는 창조론자들과 같이, 진화론자들도 마찬가지로 진화의 증거를 내놓으라 하면 '종의 기원'을 제시하며 갈라파고스에서 살아가는 핀치새들의 조상을 선대로 계속 거슬러 올라가다 보면 아메리카 대륙에서 살았던 한 쌍의 핀치새가 갈라파고스 제도에 날아가서 번식하였다는 관점에서 어느 핀치새 후손들은 대대로 큰 먹이만 골라 먹어 큰 부리로 진화하였다거나, 먹이가 다른 여러 섬들에 각각 날아가 별도로 진화하여 여러 형태의 부리를 가진 핀치새로 진화하였다고 항변하는 형태인데, 진화론을 믿게 된 과정은 창조론을 믿는 과정과 매우 흡사하다.

핀치새가 갈라파고스 제도에만 존재한다면 다윈의 주장이 일리가 있겠지만 아메리카 대륙에도 여러 품종의 핀치새들이 존재하고, 후손을 번식하려면 같은 시기에 암수가 각각 한 마리 이상 육지에서 갈라파고스 제도까지 날아가는 거리라면 그 이후에도 지속적으로 육지에서 핀치새들이 유입되었을 것인데도 한 쌍만 갈라파고스 제도에 날아와서 모든 핀치새들로 번식하였다는 관점에서 기록한 핀치새에 대한 연구 내용은 창조론과 같이 비과학이 내포된 사이비 이론으로 보인다.

또한, 아메리카 대륙에서 갈라파고스 제도까지 날아다닐 수 있는 핀치새라면 갈라파고스 제도 내의 섬들은 비교적 가까운 거리에 있어 자유로이 날아다닐 수 있을 것이고, 비둘기도 같은 지역과 환경에서도 여러 형태의 품종이 발생하듯이, 핀치새들이 살아가는 과정에서 여러 품종이 발생하여 각 섬마다 섞여 살았을 것임에도 한 쌍의 핀치새들만 각각의 섬에 사이좋게 날아갔다거나, 각 섬마다 먹이가 다르게 분포되었다거나, 처음에는 모두 작은 부리의 핀치새였는데 후손들 중 어떤 핀치새는 큰 먹이만을 고집하고 대를 이어 큰 먹이만을 골라 먹다 보니 부리의 구조가 커져 큰 열매를 먹기에 적합한 부리로 각각 진화한 것으로 관찰하였는데, 엉터리 표본과 각 섬마다 먹이가 다르게 분포되었다는 엉터리 주장이고, 설령 그 주장들이 모두 옳더라도 멘델의 유전법칙에 비춰볼 때 용불용설이나 자연선택과 같은 후천적 획득형질을 통해서는 종 자체 내의 품종의 변이일 뿐이므로 후천적 획득형질에 의하여 먹이를 먹기 좋은 부리로 진화한다거나 다른 종으로 진화한다는 주장은 근본적으로 비과학적인 주장이다.

갈라파고스의 각 섬들은 환경이 비슷하므로 새들의 먹이가 비슷하게 분포되어 있고 핀치새들에 내재되어 있었던 조금씩 다른 부리 모양의 품종이 발생하거나, 또는 부리 모양이 다른 품종의 핀치새들이 육지에서 날아와 먹기에 편리한 열매를 먹었을 뿐인데, 먹이에 따라 핀치새의 부리가 다르게 진화되었다는 용불용설 관점에서 관찰하고 있다.

4) 둘째, 격리하거나 환경에 적응하는 과정에서 진화한다는 주장은 잘못되었다고 본다. 진화론 주장의 핵심이 자연선택, 즉 후천적 획득형질에 의하여 다양한 종으로 진화한다는 주장이므로 갈라파고스 제도는 큰 틀에서 보면 좁은 지역이고, 각 섬마다 비슷한 먹이들이 분포되어 있는 화산섬들이며, 각 섬들에 자유롭게 날아다닐 수 있는 조

류이므로 갈라파고스 제도에서는 종이나 품종의 변이가 없다고 주장
해야 오히려 진화이론과 부합할 것인데, 핀치새들이 갈라파고스의
좁은 지역에서 다르게 분포되어 있는 크고 작은 먹이들을 지속적으로
각각 골라 먹고 다양한 부리로 진화하거나, 다른 종으로 진화하였다
는 주장은 아이러니하게도 다윈이 만든 '종의 기원'을 통하여 자신이
만든 진화이론과 배치되는 진화론을 부르짖고 있는 것이다.

갈라파고스의 제도는 핀치새들뿐만 아니라 동식물의 생육환경을
잘 보존하고 있어 약 150년 전의 환경과 크게 다르지 않으므로 과학
자들이 다시 연구한다면 어느 주장이 옳은지 정확하게 검증할 수 있
을 것으로 보인다.

17 진화를 통해서는 새들이 날아다닐 수 없다

1) 새들은 여러 가지 조건이 맞아야 날 수 있다.

하늘을 날 수 있는 적합한 신체구조를 가져야 하며, 공기의 저항을
일으킬 수 있는 날개에 가벼운 깃털이 나야 하고, 빠르게 날갯짓을
할 수 있는 근육이 발달하여야 하며, 날아다닐 수 있는 마인드를 갖
추어야 한다.

또한, 지속적으로 날기 위해서는 적당한 몸무게가 유지되어야 하고
몸무게와 날개가 비례하여야 가능할 것이다.

이렇게 수백 가지 조건을 완벽하게 갖추었을 때만이 가능한 것이므
로, 진화를 통해서는 새들이 날 수 없다는 결론을 도출할 수 있다.

2) 예를 들어, 세상에서 가장 팔 힘이 센 인간의 팔에 날 수 있는 크기의 날개를 달아 준다면 하늘을 날아다닐 수 있을까? 인간은 날 수 없는 체형이고, 무거운 몸무게 때문에 날개가 달려 있어도 날 수 없을 것이고, 빠르게 파닥거릴 수 있는 어깨 근육이 발달해 있지 않기 때문에 자체적으로는 하늘을 날 수가 없다.

진화론자들의 논리는 날기를 희망하면 날개가 돋아났다고 주장하는 자들이므로, 진화이론을 발표한 이후 진화론자들은 하늘에 날아다니는 새들을 바라보면서 신앙 차원에서 팔이 날개가 되어 날아다니기를 염원하는 사람이 많았을 것인데도, 하늘을 날아다니기는커녕 아직까지 깃털이 돋아나는 징후조차도 없는 것을 보면 인간은 태생 자체가 날 수 없는 존재임을 알 수 있다.

큰 틀에서 보면, 좁은 지구촌에서 진화하였다면 같은 형태의 날개로만 진화되어야 할 것인데 깃털로 되어 있는 조류의 날개와 곤충의 날개, 또는 박쥐와 같이 피부로 된 날개와 같이 전혀 다른 형태의 날개가 발생한 원인을 진화이론에 대입하여 밝히는 것은 불가능하므로, 애벌레와 생쥐들이 날아다니기를 희망하면 피부가 날개가 되어 곤충이나 박쥐로 진화하여 날아다니게 되었다고 주장할 수밖에 없었을 것이다.

창조론자들이 창조과학을 들먹이며 비과학적인 창조론을 합리화시켜 믿듯이, 진화론자들 역시 과학을 핑계 삼아 진화론을 교묘하게 합리화시키면서 그동안 진리라고 믿고 있는 것이다.

3) 박쥐는 동굴 천정이나 나무에 매달려야만 살 수 있는 신체구조인데, 진화론 관점에서 보면, 엉성한 신체구조로 땅바닥에서 기어 다니다가 날개가 발생하여 날아다닐 때까지 진화 과정에서 힘도 세고 동작이 빠른 수많은 강자들과의 생존경쟁에서 밀려 모두 멸종할 수밖에 없었을 것이다.

날아다니는 조류는 물론이거니와 하강할 때 비행하는 날다람쥐, 파충류의 날도마뱀, 어류임에도 지상으로 날 수 있는 날치, 또는 곤충들이 날아다니는 형태는 조류와 포유류뿐만 아니라 날아다니기를 염원할 수도 없는 식물들의 씨앗에서도 날개가 부착되어 다양한 형태의 비행 현상이 나타나는데 이러한 현상들을 진화이론에 대입하여 인류를 납득시키는 것은 불가능하다.

다만 진화론자들은 천태만상의 동식물들을 관찰하며 진화론의 틀에 대입하여 설명할 뿐이다.

4) 진화론 관점에서 관찰할 때 열대지방이나 한대지방에서 각각 같은 종들만 살아간다면 진화론자들의 주장이 어느 정도 설득력이 있겠지만, 기후와 환경이 전혀 다른 열대와 온대, 한대지방에서 다양한 종이 각각 혼재되어 살아가고 있으므로, 기후 또는 환경의 변화를 통해서는 종의 변화가 없다고 관찰하는 것이 보다 설득력이 있는 관찰일 것이다.

5) 창조론에 세뇌되어 있는 종교인들과 같이, 진화론에 세뇌되어

있는 진화론자들도 마찬가지이므로, 이러한 상태의 진화론자들이라면 지금까지 주장해 온 진화이론의 문제점이 드러나 더 이상 변명할 명분이 없을 것이다. 이들은 '종의 기원'을 잘못 해석하였다면서, 자신들이 행한 기존 주장을 뒤집으며 같은 환경에서 진화하여도 다른 종으로 진화할 수 있다고 끝까지 진화론을 강변할 자들로 보인다.

최초 출현한 생명체로부터 발생된 동식물들이라면 당연히 식물 종의 분화와 동물 종의 분화가 같을 것이다.

이는 식물들의 분화를 관찰함으로써 동물들의 분화를 알 수도 있고, 또한 식물과 동물의 분화 원리가 같다고 볼 수 있다.

식물들은 동물들처럼 돌아다닐 수도 없는 생명체들이므로 같은 지역과 같은 환경에서는 같은 종의 식물들만 살아가고 있다고 주장해야 옳다고 본다. 또한 동물들과 마찬가지로 식물들도 같은 지역에서 다양한 종의 식물들이 존재하는 이유에 대하여 설득력 있게 납득시킬 수 없으므로 언급 자체를 하지 않는 것이다.

6) 생명체들이 본래 정해진 성체로 성장한 것이므로 당연히 곤충과 조류, 또는 박쥐가 성장하는 과정에서 날개가 발생하여 날아다니게 되므로 기어 다니다가 날아다니기까지의 과정적인 화석은 존재할 수 없는데도, 진화론자들은 천태만상의 동식물들의 화석을 나열해 놓고 진화 과정이라는 관점에서 관찰하면서 진화론이 옳다고 둘러대고 있는 것이다.

그동안 진화론자들은 수많은 세대를 거치면서 성장 과정에서 환경에 적응하며 살아가는 생명체들을 관찰하면서 종교인들과 과학자들이 자신들의 구미에 맞는 3차원 관점의 창조론과 진화론을 만들어 놓고 종교교육과 학교교육을 통하여 학생들을 세뇌하고 있었으므로, 학생들은 세뇌를 당하여 시키는 대로 믿고 추종할 수밖에 없었던 것이다.

창조론자들도 창조과학을 들먹이며 6일 동안에 우주와 생명체들을 창조하였다는 성경 내용을 바탕으로, 수억 년에 걸쳐서 형성된 수많은 지층에 내재되어 있는 생명체들의 화석들이 노아의 홍수 심판 기간 몇십 일 동안에 형성되었다고 주장하면서, 우주와 생명체의 출현이 6천 년밖에 안 되었다고 신자들을 기망하고 있다.

진화론자들도 역시 공룡들이 살았던 시기에는 파충류만 살았다고 판단하고 대멸종 이후 멸종되지 않은 일부 파충류에서 조류와 포유류로 진화한 것으로 둘러대며 진화론을 믿는 신자들을 우롱하고 있는 것이다.

18 고래에 대한 진화론자들의 변명

1) 바닷물에서 지느러미로 헤엄치며 살아가는 포유동물이 있다면 어류로 봐야 하는지 육상 동물로 봐야 하는지 겉보기에는 분간하기 어려운 동물이 있는데 그 동물이 바로 고래이다.

고래는 바다에서 살아가면서도 공기 호흡하며 바닷물을 섭취하여도 어류와 같이 체내에서 염분을 걸러 내서 배출하므로 죽지 않고 살아갈 수 있다.

또한, 물고기들은 아가미 호흡하는 변온동물인 어류와 달리, 고래는 공기 호흡하는 항온동물이며 포유동물이다.

2) 고래는 물속에서 어떻게 새끼를 낳고 젖을 먹여 기르며, 갓 태어난 새끼들이 공기 호흡하면서도 어떻게 익사하지 않고 일생 동안 살아갈 수 있을까?

진화론자들은 고래는 지느러미가 있는 물고기로 살아가다가 육지로 기어 나와 지느러미가 팔다리로 진화하여 변온동물에서 온혈동물로, 아가미 호흡에서 공기로 호흡하거나 네발로 기어 다니며 포유동물로 살아가다가, 생각이 바뀌어 다시 바다에 들어가 살아가게 되면서 외형만 역 진화하여 팔다리가 지느러미로 진화하였다고 주장하고 있다.

그런데 진화론자들은 그동안 고래가 물속에서 육지로 진출하여 육상 생활에 알맞게 포유동물, 또는 온혈동물로 진화하거나 호흡기 계통이 진화하여 공기 호흡하게 되었고, 지느러미가 다리로 진화하여 육상에서 살아가게 되었다고 주장한다.

이들은 고래가 다시 바다로 진출하여 물속에서 살아가기 편리하게 역 진화하여 다리만 지느러미로 진화하였다고 주장하는데 이것은 이치에 맞지 않는다. 공기 호흡기관에서 아가미 호흡기관으로, 온혈동물에서 변온동물로 진화하여 물속에서 살아가기 편리하게 진화하였다고 주장해야 진화이론과 부합한 주장일 것이다.

진화론자들은 환경에 적합하게 진화해 왔다고 주장하면서도 호흡기 계통과 같은 진화의 핵심은 덮어두고, 지엽적인 발과 꼬리만 관찰하면서 환경에 맞게 역 진화가 이뤄졌다고 불신자들을 향하여 옹색하게 변명하고 있는 것이다.

　3) 창조론에 세뇌된 종교인들에 의해 창조론을 바로잡을 수 없는 것처럼 진화론에 세뇌된 진화론자들을 통해서 진화론을 바로잡을 수 없다.

　이러한 진화론자들에게 비과학적인 수많은 진화이론의 문제점을 제기하는 정도로는 '쇠귀에 경 읽기'와 같이 진화론자들을 설득할 수 없는 것이 문제다.

　진화론자들은 생육환경이 조금만 바뀌어도 생명체들이 멸종한다는 주장을 펴온 자들이면서도, 육상에서 네발로 기어 다니며 공기 호흡 구조로 진화된 고래가 뒤바뀐 정반대의 환경에서 살아가면서도, 멸종되기는커녕, 오랜 기간에 걸쳐 네발과 꼬리가 물속에서 살아가기 편리하게 지느러미로 서서히 진화하여 물속에서 공기 호흡하면서 멸종되지 않고 살아간다는 진화론자들의 주장은 진화이론과 맞지 않은 비개연적인 주장일 뿐이다.

　진화론자들은 권모술수에 매우 능하다. 지금까지의 변명이 궁색해지면 육지에 진출하지 않고도 바다에서 아가미 호흡 구조에서 폐호흡 구조로, 또는 다리가 지느러미로 서서히 진화했다고 말을 바꾸면서 진화론이 옳다고 강변할 것이다.

다윈을 추종하는 진화론자들은 눈에 잘 띄지 않는 고래의 내부 호흡기 기관이나 장기들의 구조에 대해서는 덮어두고 외형적인 형상만을 관찰하고 환경의 변화와 필요에 따라서 꼬리가 지느러미로 진화하거나 다리가 퇴화하였다는 주장만을 되풀이하고 있다.

4) 고래가 육지에 진출하여 기어 다니며 살아가다가 물속에 진출하여 물속에서 헤엄치며 살아가게 되었다는 진화론자들의 주장을 증명할 수 있는 간단한 방법이 있다.

깊은 물속은 익사할 우려가 있으므로 권장하지 않지만 진화론을 교육하는 교수들은 반드시 몇 시간 동안만이라도 얕은 개울에서 헤엄치면서 맨몸으로 야생 물고기를 몇 마리라도 잡도록 현장 체험을 시키고 난 후라면 고래가 육지에서 살아가다가 물속에서 물고기를 잡아먹고 살아가도록 다리가 지느러미로 역 진화하였다며 인류를 기망하여도 그의 용기를 가상히 여겨 용서할 수도 있겠지만, 물속에 들어가 피라미를 잡으려는 시도조차 하지 않는 자들이 고래가 육지에서 살아가다가 역 진화하여 물속에서 물고기를 잡아먹고 살아가게 되었다는 주장을 되풀이하는 진화론자들은 이제는 퇴출되어야 마땅하다고 본다.

5) 진화이론에 세뇌되어 있는 진화론자들은 아무리 터무니없는 진화이론일지라도 진화론 관점에서 해석하므로 진화론이 진리의 가치관으로 귀결될 수 있었다.

창조론에 세뇌되어 있는 창조론자들도 마찬가지로 창조론에 비과학적인 내용이 내포되어 있더라도 창조론 관점에서 관찰하기 때문에 창조론이 진리로 귀결될 수밖에 없었는데 비과학적인 진화론을 믿는 과정은 비과학적인 창조론을 믿는 과정과 엇비슷하므로 진화론을 믿는 행위는 일종의 사이비 신앙행위인 것이다.

고래가 처음부터 물속에서만 살아온 사실을 입증한다면 아무리 진화론을 맹신하는 자들이더라도 포유동물이 육상과는 정반대 환경의 찬물 속에서 체온을 유지하고, 갓 태어난 새끼들에게 젖을 먹여 양육하거나 공기 호흡하며 일생을 살아간다는 것은 진화이론과 정반대의 비개연적인 주장이므로, 이러한 사례들은 진화론을 입증하는 증거가 아니라 성장론을 입증하는 증거가 될 것이다.

19 진화론자들이 주장하는 날개의 발생 원인

1) 후천적 획득형질을 통해서는 종 자체 내의 변이이므로 품종의 변이일 뿐 종이 변화되지 않는다는 사실을 잘 알면서도, 진화론자들이 곤충과 조류의 날개가 발생하게 된 이유에 대해, 나무에 올라가다가 떨어지다 보면 죽거나 다치는 과정에서 날개의 필요성을 느끼게 되고 날개가 돋아나기를 염원하게 되면서 날개가 돋아나게 되었고, 나무 꼭대기에서 떨어져도 죽지 않고 날아다닐 수 있을 만큼 날개가 지속적으로 자라게 되었으며, 날개와 깃털이 더 이상 자라야 할 필요성을 못 느끼게 되면서 계속 자라던 날개가 더 이상 자라지 않게 되

어 적당한 날개로 하늘을 날아다니게 되었다고 폐기된 용불용설의 별칭인 자연선택을 표방하며 진화론 주장을 지금까지 반복하고 있다.

2) 그러한 주장은 마치 인간이 나무에 올라가다가 떨어지다 보면 날개의 필요성을 느끼게 되어 팔에서 깃털이 자라거나 팔이 날개로 변화되므로 인간도 언젠가는 하늘에 날아다닐 수 있다는 논리인데, 이러한 사례는 인간들이 관측 가능한 수천 년의 기간 동안 한 건도 발생하지 않았다.

진화론자들은 처음부터 날아다닐 수 있는 마인드와 신체구조를 갖춰야만 날아다닐 수 있다는 사실을 알면서도 초식동물은 육식 동물들에게 잡아먹히지 않도록 도망 다니기 좋게 발가락이 발굽으로 진화되었다는 주장을 펴면서, 눈이 필요하면 눈이 발생하고, 코가 필요하면 코가 발생하며, 심장이 필요하면 심장이 발생한다는 형태의 주장을 펴며 인류를 기망하고 있다.

3) 올바른 의식구조를 가진 진화론자들이라면 최소한 창조론자들을 일방적으로 비난만 할 것이 아니라, 창조론과 진화론이 잘못된 부분이 있다면 검증된 과학을 동원하여 사실 여부를 가려내고, 영적 세계와 같은 원인적인 부분을 밝혀 지상 사회를 바로잡아야 할 책임이 있는 과학자들이 심신이 미약한 학생들에게 진화론을 교육하면서 약육강식의 사회를 정당화하는 행위는 매우 고의성이 있다고 보인다.

20 책임을 전가하는 진화론자들

다윈이나 리처드 도킨스와 같은 생물학자들이 진화론을 주장하려면 주장하는 당사자들이 최초의 생명체가 자연 발생하였다는 사실을 과학적으로 밝히고 진화론이 옳다고 주장해야 함에도, 최초 생명체의 발생 원인에 대해서는 자신들의 연구 분야가 아니라서 모른다는 것이다. 단백질과 같은 물질 덩어리에 화학작용에 의하여 생명이 깃들었을 것이라며 엉뚱하게도 화학분야 전문가가 최초에 출현한 생명체 발생 원인을 밝혀야 한다면서, 최초 생명체가 출현하게 된 원인은 덮어 놓고 성장 과정을 진화 과정으로 관찰하면서 다양한 비과학적인 연구 논문들을 상황에 맞게 제시하며 진화론이 옳은 가치관이라고 주장하고 있는 것이다.

21 검증된 과학을 배척하는 진화론자들

1) 멘델의 유전법칙에 의한 변이는 종 자체 내의 변이임이 밝혀졌으므로 최소한 양심 있는 진화론자들이라면 어떠한 경우에도 멘델의 유전법칙을 들먹이며 교배를 통하여 종이 진화하였다고 둘러대서는 안 된다.

그러나 다윈을 추종하는 진화론자들은 천태만상의 생명체들을 형태학적으로 분류해 놓고 교배 또는 후천적 획득형질에 의하여 종의 진화 주장을 되풀이하고 있는 것이다.

2) 예를 들면 같은 계통에서 진화한 유인원들이라면 모두 같은 아프리카 지역이나 이동이 가능한 인근 지역에서 발견되어야 할 것인데, 오랑우탄과 같은 유인원은 침팬지와는 교류와 이동이 불가능한 인도네시아의 보르네오와 수마트라 섬에서만 서식하고 있으므로 오랑우탄은 침팬지 종에서 분화가 이뤄졌다고 볼 수 없다.

따라서 유인원으로서 침팬지와 오랑우탄의 서식지가 확실하게 분리되어 살아가고 있다면, 이러한 사례들은 모든 생명체들이 별개로 성장하였다는 사실을 반증하는 사례일 것이다.

3) 진화론에 세뇌되었다는 의미는 교배를 통해서는 종이 변화되지 않는다거나, 격리 또는 환경이나 기후의 변화와 같은 후천적 획득형질을 통해서는 종이 변화될 수 없다거나, 또는 종과 형상이 잉태 시에 결정되므로 후천적으로는 종이 변화될 수 없다는 검증된 과학 이론을 아무리 교육하여도 이들은 아프리카에서 서식한 침팬지가 기존 무리들과 격리되어 침팬지에서 인간으로 진화하였다는 격리설과 같은 기존의 주장을 되풀이하고 있는 것이다.

진화론자들은 교배를 통하여 후손을 번식하는 과정에서 돌연변이 형태로 새로운 종으로 진화되었다는 주장을 끊임없이 반복하거나, 살아가는 과정에서 어느 날 홀연히 다른 종으로 진화되었다는 두 가지 주장을 상황에 맞게 둘러대고 있었다.

교배를 통해서는 종이 변화되지 않는다는 내용은 검증된 과학이고, 살아가는 과정에서 어느 날 홀연히 다른 종으로 진화할 수도 없으므로, 진화론자들은 비과학적인 주장임을 알면서도 진화론이 옳다고 강변하고 있는 것이다.

진화론자들이 검증된 과학을 인정하고 받아들어야 진화론에 대한 올바른 교육이 가능한데, 이들은 이미 머릿속에 깊이 세뇌되어 있어 교육을 통해서도 바로잡는 것이 매우 어렵다고 본다.

창조론에 세뇌되어 있는 자들에게 검증된 과학을 인용하여 반복하며 교육하여도 바로잡을 수 없듯이, 진화론에 세뇌되어 있는 자들도 마찬가지이므로 성장론을 아무리 교육하더라도 일반 교육을 통해서는 창조론자들과 진화론자들을 설득시키기가 쉽지 않으므로 신앙 차원에서 교육이 이뤄져야만 세뇌되어 있는 창조론자들과 진화론자들을 계도하여 성장론에 대한 올바른 재평가와 교육이 제대로 이루어질 것이다.

4) 기독교 신자들에게 비과학이 내포된 수많은 성경 구절들은 권모술수의 종교지도자들이 신자들을 교주의 종으로 길들여 영적 침략행위를 합리화할 목적으로 꾸며낸 이야기라고 지적하면, 기독교 신자들은 또 다른 성경 구절을 들이대며 장황한 이유를 늘어놓으며 여호와 신이 우주를 창조하신 분이시므로 태산도 옮길 수 있다거나, 빵 다섯 개와 물고기 두 마리를 뻥튀기하여 따르는 군중 5,000명을 배부르게 먹이고도 남았다는 소위 오병이어의 기적이 기록된 성경 구절을 들이대면서 성경의 모든 기록들이 진리의 말씀이므로 이러한 성경 기록을 믿지 않는 자들은 심판의 대상이라며 불신자들을 비난하고 있다.

과학을 표방하는 진화론자들도 마찬가지로 비과학적인 진화론을 과학으로 포장하며 진화론이 옳다고 주장하며 불신자들을 비난하는 행위는 창조론자들과 같다고 본다.

22 사이비 가치관이 정착하게 된 과정

1) 창조론과 진화론의 핵심 내용에 검증된 비과학이 내포되어 있음에도 불구하고 신앙교육이나 공교육을 통하여 세뇌된 상태에서 믿게 되었으므로 뒤늦게 발표된 성장론을 기성 가치관의 관점에서 관찰한다면 배척당할 수밖에 없을 것이다.

유대교에서 천주교로, 천주교에서 개신교로, 창조론을 이어받은 기독교를 믿는 맹신자들은 창조론을 창조 과학으로 포장해 놓고 창조론이 진리라며 인류를 기망하고 있는 것이다.

2) 어떠한 사이비 교리일지라도 신자들을 세뇌시켜 놓으면 믿고 따를 수밖에 없으므로, 한번 뿌리 내린 사이비 종교는 좀비가 된 신자들이 지속적으로 발생하여 추종하므로 퇴출시킬 수 없는 것과 같이, 비과학이 내포된 진화이론을 만들어 놓고 공교육을 통하여 학생들을 지속적으로 세뇌시키면 신자들이 지속적으로 발생하여 믿고 따를 수밖에 없게 되고, 시간이 흐르면서 인류의 의식 속에 올바른 가치관으로 인식하게 되므로 진화론이 사이비 가치관이라고 밝혀지더라도 진화론을 퇴출시키기는 매우 어려울 것이다.

가톨릭과 같은 기회주의 종교들은 창조론을 믿었던 신자들이 진화론을 믿게 된 후 종교를 떠나게 되자, 사실상 창조론을 내팽개치고 최초 생명체가 자연 발생하여 진화되었다는 무신론 관점의 진화론을 수용하며 진화도 창조의 결과물이라며 진화적 창조를 운운하며 신자들을 우롱하는데도 불구하고 현재까지 세계적인 종교로서의 위상을 지키고 있다. 이들은 세뇌를 통하여 좀비가 된 신자들에게 상황에 따라 말을 바꾸며 대처해 왔기 때문에 신자들은 사이비 종교를 배척하거나 떠날 수가 없는 것이다.

23 창조론과 잉태론 비교표

과학적, 합리적 (○) / 비과학적, 비합리적 (×)

구분	내용	창조론		잉태론(성장론)	
1	하나님의 존재 여부	존재하신다.	○	존재하신다.	○
2	지상의 생명체들이 존재하게 된 원인	여호와, 예수, 알라 하나님이 생명체들을 성체로 각각 창조하였다.	×	하늘 부모님에 의하여 태어나 분화 과정을 거친 후 각각 성장하였다.	○
3	최초 생명체의 출현은?	하나님이 수많은 종들의 성체를 각각 창조하였다.	×	하나님에 의하여 탄생되었다.	○
4	하나님의 성격	주인이시므로 심판의 하나님이다.	×	부모이시므로 사랑의 하나님이다.	○
5	하나님과 인간과의 관계	하나님이 창조하였으므로 주종 간의 관계이다.	×	하나님에 의하여 탄생되었으므로 부모 자녀 간의 관계이다.	○

구분	내용	창조론		잉태론(성장론)	
6	생명체들의 출현	하나님이 다양한 종을 구상하여 각각 성체로 창조하였다.	×	하나님을 닮은 다양한 모습으로 각각 성장하였다.	○
7	성장기간	각각 성체로 창조하였으므로 성장기간이 존재하지 않는다.	×	탄생되어 성체로 성장하였으므로 성장기간이 존재한다.	○
8	각 생명체들과 인간의 형상	생명체들은 창작하여 창조하였지만, 인간만은 창조주 형상대로 창조하였다.	×	생명체들은 하나님을 닮은 다양한 모습으로 성장하여 다양한 종이 형성되었다.	○
9	전체 맥락	비과학적이고 일관성이 없다.	×	과학적이고 일관성이 있다.	○

24 불가지론을 주장하는 이유

인간의 경험 현상을 넘어서는 내용들은 아무것도 알 수 없다는 불가지론을 주장하는 자들도 마찬가지인데, 이들 역시 권모술수가 능한 기회주의자들일 뿐이다.

영적 세계 또는 신이 존재한다는 주장과 존재하지 않는다는 주장, 이 중에서 정답이 있는데, 불가지론을 주장하는 자들은 형식상으로는 유신론과 무신론의 중간 형태를 취하고 있지만 현대사회에서 주류를 형성하고 있는 다수의 종교인들과 진화론자들의 비난을 회피하기 위하여 사실상 무신론자들이 기득권을 지키기 위한 정치적 표현에 불과하다.

25 우주와 생명체의 진화

1) 진화론자들은 신이 지적 설계를 통하여 우주와 생명체들을 창조했다면 지적설계를 한 '신은 누가 창조했느냐'는 결정적인 논리적 모순을 내포한 사이비 이론이라는 것이다.

진화론자들은 그동안 미생물이 자연 발생하여 수많은 단계의 진화를 거쳐 우주선이나 컴퓨터를 설계하여 만들 수 있는 고도의 두뇌를 가진 지적인 인간이 출현하였다고 주장하면서도, 지적인 신도 영적 세계에서 자연 발생한 후 자연선택에 의하여 진화하여 우주와 생명체들을 만든 것에 대해서는 인정하지 않는 내로남불 형태의 자기모순에 빠져 있는 것이다.

2) 수많은 종의 생명체들이 아주 복잡한 내용의 복잡한 유전자와 DNA, 염색체로 구성되어 있으며, 어느 한 곳에서라도 이상 현상이 발생하면 장애를 갖고 태어나게 된다.

동식물들의 수많은 장기들이 만들어질 줄기세포가 수정란에 처음부터 내재되어 있다가 성장 과정에서 발현된다면, 같은 원리로 최초 출현한 생명체 내에도 수많은 종의 생명체들이 내재되어 있다가 성장하는 과정에서 발현되어 지상의 수많은 종의 생명체들로 살아가고 있다는 사실을 알 수 있다.

3) 평화를 염원하는 진화론자들이라면 설령 진화론이 옳다 하더라도 약육강식의 의식이 내포되어 있는 진화론을 적극적으로 교육하는

행위는 자기 후손들에게 약육강식의 의식을 심어 피폐한 삶을 살아가게 만드는 행위이므로, 의도적으로 진화론 관점의 교육을 자제해야 함에도, 본서에서 지적한 바와 같이 사이비 요건을 골고루 갖춘 진화론을 적극적으로 교육하는 행위는 약육강식의 의식을 주입하기 위한 고의적인 행동으로 볼 수 있어 매우 안타깝다.

4) 진화론자들은 인간의 눈에 보이지 않는 기체나 전파와 같은 3차원적인 물질들의 존재에 대해서는 인정하면서도 4차원적 영적 존재에 대해서는 무수한 사례가 있음에도 부정하고 있다.

데카르트가 "나는 생각한다, 고로 존재한다."라고 원인적인 존재를 인정하는 지적과는 정반대로 진화론자들은 눈에 보이는 자신의 신체를 통하여 나오는 언행만을 인정할 뿐 '생각한다'는 자신의 영인에서 발생한 언행을 유물론자들은 부정하고 있다.

5) 생명체 진화론자들이 주장하는 진화 논리는 작은 것에서 큰 것으로, 단순한 기능에서 복잡한 기능으로 수많은 단계를 거치는 과정에서 필요에 의하여 장기가 발생한다는 것이다. 우주 진화론자들은 우주에서 먼지와 같은 물질이 자연 발생한 후 자연선택에 의하여 작은 물질에서 큰 물질로, 단순한 물질에서 복잡한 물질로 수많은 단계의 진화를 거쳐 수많은 은하계와 행성이 발생하여 스스로 자전과 공전하게 되었다고 주장해야 일관성 있는 진화이론일 것이다.

우주 진화론자들과 생명체 진화론자들은 똑같은 의식구조를 가진 무신론자들이므로 인과법칙을 무시한 진화이론임에도 이를 바로잡기는커녕 계승 발전시키면서 원인 없이도 결과가 존재한다고 둘러대는 사이비 과학자로 전락하고 있는 것이다.

6) 진화론의 근본적인 문제점은 약 150억 년 이전에는 현재 우리가 알고 있는 우주도 없었고 자연도 없었으므로 후천적 획득형질인 자연 선택을 주장하는 자체가 비개연적인 주장일 것이다.

만약, 우주와 생명체들이 불가분의 관계로 얽혀 있다면, 우주와 생명체에 대하여 각각 다른 방식의 진화이론을 적용하는 것은 앞뒤가 안 맞는 주장이다.

26 점을 치는 진화론자들

1) 리처드 도킨스는 마치 길바닥에 판을 깔아 놓고 점을 치는 소위 '족집게 도사'처럼 생명체 출현에 대한 원인을 모른다면서도 최초 생명체가 자연 발생하였다고 주장하였고, 우주 출현에 대한 원인을 모르면서도, 우주에는 지구와 비슷한 행성이 수천억 개가 존재한다고 주장하면서, 확률적으로 10억 개 행성 중 한 개의 행성에서 생명체가 자연 발생한다고 주장하고 있다. 참으로 어이없는 일이다.

2) 이렇게 최초 생명체가 출현하게 된 원인도 모르면서 최초 생명체가 자연 발생하였다고 진화론을 선동하는 리처드 도킨스는 과학자

라기보다 진화교를 맹신하는 일종의 사이비 종교인이므로 진화론의 심각한 문제점이 내포되어 있다는 사실을 알고 있으면서도 불특정 다수의 인류를 향하여 진화론이 진리라면서 인류를 기망하고 있는 것이다.

3) 진화이론이 사이비 가치관이라면 바로잡아야 할 책임이 있는 도킨스와 같은 과학자들이 바로잡기는커녕 진화론을 전파하여 인류가 투쟁하며 살아갈 수밖에 없는 독재 사회를 만든 폐해가 상상을 초월하므로, 이들은 반드시 책임을 져야 할 것이다.

27 창조론과 진화론자들의 의식구조

1) 우리 은하계의 별들 중에서 다양한 생명체들과 인간과 같은 문명인이 살아가는 별나라가 존재한다고 주장한다면, 3차원 관점에서 살아가는 욕심이 많은 종교 지도자와 과학자일수록 미친 사람으로 치부할 것이다.

2) 이와 같은 내용은 우주과학이 발달하여 초등학생들까지 알 수 있는 상식이지만 과거의 원시 인류는 밤하늘의 티끌만 한 수많은 별들을 빤히 바라보면서도 지구도 은하수 속의 티끌만 한 별에 딸린 행성 중 하나임을 인지하지 못했었다.

3) 과거 인류는 수천억 개의 은하계 중에서 우리 은하계만을 우주 전체로 알았겠지만, 우리 은하계 내에 있는 약 4,000억 개의 별들 주위를 도는 티끌만 한 행성에서 자신이 살아간다는 사실 자체를 인지할 수도, 상상할 수도 없었다.

모세는 구약성경을 통하여 지구가 가장 먼저 창조되었다는 관점에서 셋째 날에 식물을 창조하였다고 주장하였을 것이고, 넷째 날에 해와 달과 별들인 우리 은하계와 우주를 창조하였다는 주장을 펴고 있었다. 말하자면 지구는 태양을 공전하는 행성들 중 하나이므로 지구가 넷째 날에 해와 달과 별들과 함께 창조되었는데도, 지구도 존재하지도 않은 셋째 날에 식물을 창조했다고 성경에 버젓이 기록해 놓고 진리의 말씀이라고 주장하고 있다. 기독교는 이러한 앞뒤가 맞지 않는 비과학적 내용의 창조론과 같은 성경 기록들을 진리라고 주기적으로 세뇌시킨다면 신자들은 결국 믿고 싶은 내용은 문자 그대로 믿거나, 믿고 싶지 않은 내용은 비유와 상징으로 기록되었다고 믿을 것이다.

28 진화론자들의 믿음의 문제점

1) 하나님과 영적 존재에 대하여 확실하게 믿지 못하는 대부분의 유신론자들이나 불가지론자 또는 하나님과 영적 세계를 부정하는 진화론자들에게 이렇게 되묻고 싶다.

역지사지의 관점에서 당신과 똑같은 가상의 당신이 다른 은하계에서 살아가고 있다고 가정하고 다른 은하계에서 살아가는 가상의 당신에게 은하계 중 어느 별에서 지적 생명체들이 살아가고 있는지 여부를 묻는다면 어떻게 답할까?

2) 위와 같은 역지사지의 관찰은 마치 무신론자인 여러분들이 지구라는 행성에서 인간이 존재하듯이, 하나님과 영인들이 영적 세계에서 살아가는데도 영적 존재 자체를 부정하는 가상의 여러분이 곧 현실의 여러분들임을 알기 쉽게 지적하였다.

최소한 무신론을 주장하려면 이와 같이 실제 존재함에도 지상 인간들의 육안으로 볼 수 없다고 해서 존재하지 않는다고 단정적으로 주장하는 행위는 비과학적 발상인 것이다.

3) 지구환경과 비슷한 다른 행성이 존재한다면 그곳에서도 생명체가 존재할 가능성이 많으므로, 의식이 형성되어 가는 어린 학생들에게 검증되지 않은 가설을 주관적으로 가르치는 행위는 무신론 관점의 가치관이 형성될 수 있도록 만드는 잘못된 행위인 것이다.

4) 그렇기 때문에 학생들이 다른 행성에서 생명체가 존재하는지 여부 또는 영적 세계의 존재 여부에 대하여 교수에게 질문한다면 올바른 의식을 가지고 있는 교수라면 과학적으로 검증되지 아니하였으므로 모른다거나, 과학적으로 검증이 필요한 사안이라고 학생들을 계도해야 옳다고 본다.

5) 지상에서 3차원 관점에 세뇌되어 살아가는 인류는 과학의 거울에 비춰 볼 때 무지의 사실조차도 모르는 무지한 자들이다. 성장론 발표 이후에 창조론과 진화론을 주장하려면 성장론을 포함하여 객관적인 관점에서 같은 비중을 두고 주장하든가, 아니면 성장론의 문제점을 검증된 과학에 근거하여 반박하면서 창조론 또는 진화론이 옳다고 주장해야 한다.

성장론의 오류를 발견하거나 반박하지 못하는 교수들은 창조론과 진화론이 옳다고 교육할 자격이 없다고 본다.

6) 하나님이 사랑하는 자녀들이 살아가도록 하기 위한 목적으로 우주를 창조하셨기 때문에, 생명체가 살아가는 지구가 속한 우리 은하계뿐만 아니라 다른 은하계의 행성들 중에서 지구환경과 비슷한 행성이 존재한다면 지구에서 생명체가 하나님으로부터 탄생된 후 성장하여 존재한 것처럼, 그곳에도 생명체가 존재할 가능성이 많다.

7) 다른 행성에 생명체가 존재한다면 지구와 같은 생명체뿐만 아니라 지구에서 출현하지 못한 다른 종의 생명체도 함께 존재할 것이다. 그것은 같은 하늘 부모님으로부터 태어난 같은 자녀들이기 때문이다.

지구에서는 환경에 적응한 생명체만 출현하였고 환경에 적응하지 못한 생명체는 도태되었지만, 다른 행성에서는 지구에서는 적응하지 못하여 출현하지 못한 종들도 그곳의 환경에서는 적응하여 출현할 수도 있을 것이다.

앞으로 우주과학과 심령과학이 발전하면 외계 생명체의 존재 여부에 대하여서도 언젠가는 밝힐 수 있을 때가 반드시 찾아올 것으로 믿는다.

29 종의 기원은 불온서적이다

기후와 환경 또는 자연선택과 같은 후천적인 획득형질을 통해서는 종이 변화되지 않거나, 교배를 통해서는 종의 변화가 없다거나, 또는 멘델의 유전법칙과 같이 부모로부터 이어받은 유전형질들을 통해서는 종 자체 내의 변이일 뿐 종이 변화되지 않는 것이 검증된 과학이라면, '종의 기원'에 적시한 내용들은 현대 과학과 상통하는 부분은 한 가지도 없을 뿐만 아니라 약육강식의 의미가 내포되어 있는 진화론을 주입하는 자체가 학생들의 심성을 파괴하는 행위이므로, 폐기시켜야 할 것이다.

진화론 교육을 전수받고 교수가 된 진화론자들이 학생들을 지속적으로 세뇌하게 되면 학생들이 성장하여 진화론을 전파하는 교수가 되어 또다시 세대가 다른 학생들을 지속적으로 세뇌하게 되면서 진화론을 만든 다윈을 인류가 추종하듯이, 마찬가지로 종교지도자들이 신자들에게 창조론을 지속적으로 세뇌하게 되면 신자들이 심판하는 사이비 교주를 참사랑의 교주라며 추종하는 것과 같은 맥락이다.

30 사이비 이론을 만든 책임

1) 창조론은 비과학이 내포되어 있을 뿐만 아니라 침략의식이 내포되어 있는 가설임에도 종교지도자들이 객관적인 관점에서 가르치지 않고 창조론을 세뇌한다면 신자들은 당연히 창조론을 믿을 수밖에 없고, 진화론도 마찬가지로 비과학이 내포되어 있는 가설임을 객관적인 관점에서 가르치지 않고 진화론적 관점에서 교육한다면 학생들은 역시 진화론을 믿을 수밖에 없을 것이다.

창조론과 진화론에 세뇌되어 있는 인류는 부모의 사랑에 의하여 생명체가 발생한 후 성장하였다는 사실을 알 수 없었는데, 성장론을 통하여 지금까지 알지 못했던 새로운 사실을 알게 되었다면 이제는 성장론을 집중적으로 연구하여 논리적인 근거를 마련하는 노력이 당장 필요하다.

2) 지금까지는 독재의식이 내포되어 있는 창작물을 출판하거나, 전파한 자들에 의하여 피해가 발생하여도 그 책임이 글을 쓴 자나 전파한 가해자들에 귀결되지 않고, 믿고 행한 학생들이나 독자들에게 모두 귀결시켜왔지만, 앞으로는 사이비 창작물을 만든 자, 전파한 자들에 의하여 학생들이나 독자들이 황폐한 삶을 살아가게 되었다면 가해자로서 책임을 져야 하며 그들을 믿고 따르는 피해자들도 공동 책임이 있다.

그렇다면 다른 창작물도 독자들에게 피해를 입힌다면 마찬가지이겠지만 특히 생명의 기원을 밝히는 문제는 인류의 심성을 바로잡을 수 있는지 여부가 걸려있는 중대한 문제이기 때문에 검증되지 않은 창조론과 진화론을 교육할 때마다 가설임을 밝히고 성장론을 포함하여 중립적이고 객관적인 관점에서 학생들을 가르쳐야 할 것이다.

따라서 자신이 만든 창작물이 후손들이나 인류에게 어떠한 영향을 미칠 것인가를 고려하여 객관적 관점에서 작품 활동을 하거나 교육하여야만 가해에 대한 책임을 면할 수 있으며, 독자들의 심성을 파괴하는 출판물이라면 더 이상 피해자가 발생하지 않도록 당사자 또는 그 후손들이 신속하게 출판을 정지시키고 유통되는 출판물을 회수하는 등 피해를 가급적 최소화해야 할 것이다.

31 헤켈의 배아 발생도의 문제점

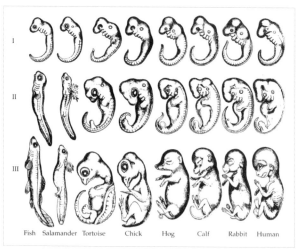

헤켈의 배아 발생도

1) 독일의 진화생물학자이면서 철학자이고 다윈의 진화론을 신봉하는 헤켈은 개체 발생과 계통 발생을 되풀이하며, 수많은 단계들을 통하여 계통의 진화가 이뤄진다고 주장하였다.

진화론자들이 진화론을 입증하기 위한 단골 메뉴로 인용하는 헤켈의 배아 발생도이다.

2) 각 생명체들의 발생과 관련된 위 그림은 해석을 잘못하였을 뿐 대체로 옳게 그려진 그림임에도 창조론자들에 의하여 일부 그림이 조작되었다는 이유로 그림 전체를 인류를 기망하기 위하여 그린 사이비 생물학자라며 헤켈을 배척하였다.

3) 그렇다면 헤켈이 그린 위 그림은 어디에 문제점이 있는지 과학의 관점에서 한번 따져 봐야 할 것이다.

헤켈이 그린 위 그림의 목적은 진화론 관점에서 어류에서 파충류, 파충류에서 포유류를 거쳐 인간으로 진화한 것으로 추론하게 할 목적으로 횡적인 진화 과정을 독자들에게 인식시키기 위하여 나열한 그림들이다.

4) 그렇다면 위 그림을 통하여 각 생명체뿐만 아니라 인간들이 각각 최초의 생명체로부터 종적으로 성장해 왔는지, 어류에서 파충류를 거쳐 인간으로 횡적인 진화가 이뤄졌는지를 따져봐야 할 것이다.

헤켈이 그린 위 그림의 근본적인 문제점은 지상의 모든 생명체들이 최초 생명체로부터 현재까지 성체를 향하여 각각 수많은 단계의 성장 과정의 그림을 종적으로 나열하지 않고, 어류에서 양서류로 종을 뛰어넘는 진화가 이뤄졌다는 것을 설명하기 위하여 횡적으로 나열하였으므로 그림 자체에 심각한 오류가 내포되어 있다.

5) 최초 생명체가 출현한 이후 종 본연의 형상이 완료되기까지의 물속에서의 성장 과정은, 모태 내의 수정란으로부터 본래의 형상이 완성되어 탄생될 때까지의 성장 과정과 닮았으므로 각 종들은 모태에서의 성장 과정과 같이 성장 초기로 거슬러 올라갈수록 모든 동물들의 형상이 서로 엇비슷할 수밖에 없다.

따라서 위 그림을 올바르게 관찰한다면 모든 생명체들은 최초의 생명체로부터 분화 과정을 거친 이후 수많은 단계의 성장 과정을 거쳐 종 본연의 성체로 각각 종적으로 성장하였다고 관찰하는 것이 옳다고 본다.

6) 지상의 모든 생명체들이 각각 부모로부터 잉태 시에 종과 형상이 결정된 후에 모태에서 후천적으로 성장하듯이, 최초의 생명체로부터 현재까지 각각 잉태 시에 선천적으로 결정된 종과 형상이 후천적으로 수많은 세대가 한 번도 대가 끊이지 않고 이어져 오면서 각각 성장하여 성체가 되었다는 사실은 부정할 수 없는 실체적 사실이다.

그렇다면 지상의 모든 생명체들이 부모를 닮은 모습으로 태어나 성장하듯이, 최초 출현한 생명체에서부터 종의 분화 과정을 거친 이후 하늘 부모님을 닮은 다양한 모습으로 각각 성장하였다는 사실도 알 수 있다.

또한, 어류와 파충류, 포유류들이 미생물 상태에서부터 각각 별개로 성장한 사실을 알 수 있는데도, 진화론자들은 성체가 된 어류에서 파충류로, 파충류에서 유인원으로 종을 뛰어넘는 진화가 이뤄졌다는 주장을 펴면서 성장 과정을 진화 과정으로 해석하며 성장론을 진화론으로 바꿔치기하였다.

진화론자들은 성체가 된 어류가 후천적으로 기후 환경이나 자연선택에 의하여 끊임없이 진화하여 양서류와 파충류들이 존재한 것으로 관찰한 것인데 결과물만 보면 성장 과정을 진화 과정으로 오인할 수도 있겠지만 근본적으로 다른 이론이다.

그림과 같이 어류에서부터 수많은 단계의 진화를 통하여 파충류, 조류, 포유류를 거쳐 인간으로 진화하였다는 횡적인 진화를 주장하는 논리는 종마다 염색체 수가 각각 다르므로 종의 고유 특성이 굳어진 이후에는 교배를 통해서는 종의 진화가 있을 수 없으므로 과학적이지 못하다.

따라서 위 그림을 올바르게 관찰한다면 진화한 것이 아니라 최초의 생명체 내에 내재되어 있었던 수많은 종들이 분화 과정을 거친 이후 수많은 세대를 거치며 느린 속도로 성장한 것이므로 성체로 성장한 종은 다른 종으로 진화할 수 없다고 관찰해야 옳다고 본다.

7) 한국의 중등학교에서 가르치는 비상학습백과에 나와 있는 '척추

동물의 발생 과정'이라는 그림도 헤켈의 그림을 모방한 그림인데, 종적인 성장 과정을 교육하기 위하여 그린 그림이 아니라 대멸종과 같은 격변기를 거치면서 멸종되지 않은 성체의 생명체로부터 또 다른 성체의 생명체로 진화한다는 헤켈이 주장하는 진화이론을 직간접적으로 학생들에게 주입시키기 위한 그림임을 알 수 있다.

수많은 세대를 거쳐 종적으로 성장하였다고 관찰해야 옳은 관찰이지만, 횡적으로 각각 다른 종으로 종을 뛰어넘는 진화가 이뤄졌다는 관찰은 잘못된 관찰이다.

이와 같이 창조론자들과 진화론자들은 창조론과 진화론의 틀 속에 갇혀 있는 상태에서 창조론과 진화론 자체 내에서 정답을 찾으려 하기 때문에 정답을 찾기가 어려운 것이다.

8) 진화론은 정답이 아니므로 진화론에 대한 연구를 하면 할수록 기존 진화이론들의 비과학적 내용들이 드러날 수밖에 없다.

따라서 진화론을 연구하는 과학자들은 새로운 진화이론을 양산하게 되고, 학생들은 양산된 수많은 진화가설들 중에서 구미에 맞는 가설을 믿게 되었다.

순수한 학생들이 보기에는 억지 주장하는 창조론보다 권모술수가 능한 교수들이 과학을 들먹이며 부르짖는 진화론이 그럴듯하게 보일 것이다. 학생들이 진화론을 표방하는 교수들에게서 정답을 찾으려 할수록 그들의 주장에 말려들게 될 것이다.

인생을 올바르게 살아가려는 학생들이라면, 창조론이나 진화론과 같은 교육을 처음부터 받지 않은 것이 올바른 심성 형성을 위해서는 오히려 바람직할 것이다.

창조론자들은 하나님의 심판 운운하며 인간들이 동물들을 잡아먹고 살아가도록 하기 위하여 동물들을 창조했다며, 침략적인 보수적 사회가 정상적인 사회인 것처럼 합리화시키고 있었다.

진화론자들도 마찬가지로 약육강식의 의미가 내포되어 있는 진화론을 주입하는 행위를 통하여 강자중심의 독재사회가 전개되었으므로, 교육의 최일선에서 학생들을 교육하는 과학자들이라면, 진화론에 문제점이 존재하는데도 곧바로 바로잡으려 하지 않고 오히려 진화론을 적극적으로 전파하는 교수들이 많은데 이제는 약육강식의 피폐한 사회가 조성된 책임이 창조론과 진화론을 전파하는 자들에게 있다는 사실을 알아야 한다.

또한, 심판을 추구하는 종교 지도자들과 독재 정치인들이 평화를 더 많이 외치므로, 겉으로 보기에는 평화주의자들인 것처럼 보이지만 실제로는 그들이 정치적 종교적으로 이익을 얻으려는 독재자들에 불과하다.

제 10 장

삼단논법에 의한
판단

창조론, 진화론과 성장론을 삼단논법의 논리로 견주어 보아도 어느 가치관이 보다 합리적인 가치관인지 여부를 판단할 수 있을 것이다.

1 창조론 → 비논리적이다

1) 살아있는 것은 모두 생명체들이다.

지상의 생명체들은 모두 혈통적 부모가 있다.

고로 최초의 생명체는 혈통적 부모가 없다.

(이유는 하나님이 생명체들을 창조하였으므로)

2) 생명체들의 의식은 뇌(물질)에서 발생한다.

생명체들은 뇌(물질)에서 발생한 의식에 의하여 활동한다.

고로 동식물의 의식은 뇌의 물질에서 발생하였으므로, 의식과 물질(뇌)은 같은 개념으로 볼 수 있다.

(이유는 의식은 물질에서 발생하므로)

3) 지상의 모든 생명체들은 부모로부터 탄생되었다.

탄생된 생명체들은 성장하여 모두 부모를 닮은 성체가 된다.

고로 최초의 생명체는 각각 성체로 창조하였으므로 탄생도, 성장도, 부모를 닮을 수도 없다.

(이유는 하나님이 창조하였으므로)

2 진화론 → 비논리적이다

1) 살아있는 것은 모두 생명체들이다.

지상의 생명체들은 모두 혈통적 부모가 있다.

고로 최초의 생명체는 혈통적 부모가 없다.

(이유는 자연 발생하였으므로)

2) 생명체들의 의식은 뇌(물질)에서 발생한다.

생명체들은 뇌(물질)에서 발생한 의식에 의하여 활동한다.

고로 동식물의 의식은 뇌의 물질에서 발생하였으므로 의식과 물질(뇌)은 같은 개념으로 볼 수 있다.

(이유는 의식은 물질에서 발생하므로)

3) 지상의 모든 생명체들은 부모로부터 탄생되었다.

탄생된 생명체들은 성장하여 모두 부모를 닮은 성체가 된다.

고로 최초의 생명체는 자연 발생하였으므로 탄생도, 성장도, 부모를 닮을 수도 없고 다른 종으로 끝도 없이 진화한다.

(이유는 자연 발생하여 진화하므로)

3 성장론 → 논리적이다

1) 살아있는 것은 모두 생명체들이다.

지상의 생명체들은 모두 혈통적 부모가 있다.

고로 최초의 생명체도 혈통적 부모(하나님)가 있다.

(이유는 하나님의 자녀들이므로)

2) 생명체들의 의식은 몸과 일체화되어 있는 영인에서 발생한다.

생명체들은 영인에서 발생한 의식을 뇌(물질)에서 정보 처리하여 활동한다.

고로 동식물의 의식은 영인에서 발생하였으므로 의식과 뇌(물질)는 근본적으로 다른 개념이다.

(이유는 하나님의 형상을 닮은 자녀들이므로)

3) 지상의 모든 생명체들은 부모로부터 탄생되었다.

탄생된 생명체들은 성장하여 모두 부모를 닮은 성체가 된다.

따라서 최초의 생명체도 부모(하나님)로부터 탄생된 후 각각 성장하여 부모의 다양한 모습을 닮은 성체가 된다.

(이유는 하나님의 자녀들이므로)

ㅣ 저작권과 관련, 당부의 말씀

1) 본서를 통하여 하늘 부모님의 실체와 영인과 육신과의 관계를 밝히고 성장론(잉태론)은 인류를 올바른 길로 인도하기 위하여 밝혔는데 성장론을 도용하여 사용한다면 인류에게 진리의 내용을 전달하거나 올바른 심성으로 바로잡는 문제가 심각하게 훼손되므로 성장론을 교육하거나 전달할 때는《천천경전》에서 발췌한 내용임을 반드시 밝히고 교육이 이뤄져야 할 것입니다.

따라서《천천경전》에서 밝힌 인류 구원과 관련된 성장론과 같은 중요한 가치관들은 영구적으로 저작권은 저자와 천천교에 있으므로《천천경전》에서 발췌한 내용임을 반드시 밝히고 교육하는 것은 동의하면서도,《천천경전》과 성장론에서 밝힌 내용들을 자신이 밝힌 것처럼 도용하여 개인의 이익을 목적으로 사용한다면 저작권을 도용한 것으로 볼 수 있어 처벌의 대상이 됩니다. 무단사용을 금하기 바랍니다.

2) 타 종교 지도자와 과학자들이《천천경전》에서 밝힌 잉태론(성장론) 등의 핵심 내용을 도용하여 신자들에게 교육하는 행위는 상극의 가치관을 가진 기성 종교의 창시자와 교주 또는 신자들의 의식구조는

그대로 놔두고 자기들이 믿는 사이비 종교를 합리화하는 데 이용하는 것이며 저작권을 침해하는 행위이므로 엄격히 금합니다.

따라서 기성 종교의 신자들이 기성 종교를 믿으면서 《천천경전》의 내용을 일부라도 받아들이며 자기들의 신앙으로 활용하는 것은 저작권을 직접적으로 침해하는 명백한 행위이므로, 성장론과 같은 주요 교리를 타 종교에서 도용하여 신앙으로 활용하는 것은 사이비 종교들의 수명 연장을 초래하고 인류에게 올바른 신앙으로 인도하는 길을 가로막는 행위이기 때문에 성장론의 주요 내용을 도용하는 행위는 일절 용납할 수 없습니다.

따라서 《천천경전》 내용을 이용하고자 하는 분은 사용료를 지불하든가 개종하여 천천교를 믿고 이용하기 바랍니다.

또한, 공교육기관에서 성장론을 교육할 경우에도 반드시 《천천경전》 내용임을 반드시 밝히고 교육이 이뤄져야 할 것입니다.

2 참고 문헌(자료)

- 성천저자 《천천경전》
- 두산백과 「생명체 기원에 대한 기존 학설의 고찰 등」
- 다음 블로그 '2억 5,000만 년의 기다림' 「소금 결정체 등」
- 비상학습백과 「말 그림」
- 위키피디아 「헤켈의 배아 발생도」
- 고스트 헌터 도사우치 님 「유튜브 캡쳐 사진」

이제부터는
성장론이다

초판 1쇄 인쇄 2021년 10월 13일
초판 1쇄 발행 2021년 10월 20일
지은이 성천

펴낸이 김양수
펴낸곳 도서출판 맑은샘
출판등록 제2012-000035
주소 경기도 고양시 일산서구 중앙로 1456 서현프라자 604호
전화 031) 906-5006
팩스 031) 906-5079
홈페이지 www.booksam.kr
이메일 okbook1234@naver.com

ISBN 979-11-5778-508-7 (03200)

* 이 책은 저작권법에 의해 보호를 받는 저작물이므로 무단전재와 무단복제를 금지하며, 이 책 내용의 전부 또는 일부를 이용하려면 반드시 저작권자와 도서출판 맑은샘의 서면동의를 받아야 합니다.

* 파손된 책은 구입처에서 교환해 드립니다.   * 책값은 뒤표지에 있습니다.

* 이 도서의 판매 수익금 일부를 한국심장재단에 기부합니다.